父母如何给孩子讲懂数学

小学数学知识讲解与思维拓展

〔英〕罗布·伊斯特维 〔英〕迈克·艾斯丘 / 著

许淑雅 / 译

北京科学技术出版社

U0642627

Copyright ©Rob Eastaway and Mike Askew 2010

First published as Maths for Mums and Dads by Square Peg, an imprint of Vintage. Vintage is part of the Penguin Random House group of companies.

Simplified Chinese edition copyright © 2025 by Beijing Science and Technology Publishing Co., Ltd. All rights reserved.

This edition arranged with Penguin Random House through Big Apple Agency, Inc., Labuan, Malaysia.

著作权合同登记号　图字：01-2025-1325

图书在版编目（CIP）数据

父母如何给孩子讲懂数学 ／（英）罗布·伊斯特维，（英）迈克·艾斯丘著；许淑雅译. -- 北京：北京科学技术出版社，2025. -- ISBN 978-7-5714-4587-4

Ⅰ. G624.503

中国国家版本馆 CIP 数据核字第 2025G2L827 号

策划编辑：	王煦萌
责任编辑：	蔡芸菲
责任校对：	贾　荣
图文制作：	史维肖
责任印制：	吕　越
出 版 人：	曾庆宇
出版发行：	北京科学技术出版社
社　　址：	北京西直门南大街 16 号
邮政编码：	100035
电　　话：	0086-10-66135495（总编室）　0086-10-66113227（发行部）
网　　址：	www.bkydw.cn
印　　刷：	天津联城印刷有限公司
开　　本：	710 mm×1000 mm　1/16
字　　数：	290 千字
印　　张：	20.25
版　　次：	2025 年 7 月第 1 版
印　　次：	2025 年 7 月第 1 次印刷

ISBN 978-7-5714-4587-4

定价：79.00 元

京科版图书，版权所有，侵权必究。
京科版图书，印装差错，负责退换。

专家解读

无论对社会还是对父母来说，家庭是重要的，孩子是更重要的，数学也是重要的。本书译自英国经久不衰的畅销书Maths for Mums and Dads，将帮助父母激发孩子的数学学习兴趣，培养孩子的数学学科素养，启迪孩子的国际化思维方式，实现父母与孩子的共同成长。

保继光

北京师范大学数学科学学院二级教授、博士生导师、首任院长

享受国务院政府特殊津贴专家，教育部高考考试内容改革专家工作委员会委员

如今，辅导孩子的数学作业让很多家长头疼，大多是因为家长不了解孩子所学的数学知识，不熟悉解题方法，也就不知道怎样去指导孩子，在一通"神讲解"之后，孩子似懂非懂、稀里糊涂，家长对此感到沮丧和无助。本书解答了很多家长的困惑，能够帮助家长进一步认识数学的特点，了解孩子的思考方法，更好地指导孩子的数学学习。此外，书中系统介绍了小学数学知识点及重要的解题方法和技巧，这些都会帮助孩子进一步理解数学的本质，感受学习数学的乐趣。

任靖晓

北京市海淀区中关村第二小学数学高级教师

大人常说"数学好玩，而且还无处不在"，但孩子并没有感觉到这"无处不在"的数学有多好玩，反而想要远远地躲开它。孩子也许并不知道，其实他们自己就是天生的数学家。《父母如何给孩子讲懂数学》提倡贴近生活去用数学，更重视借助游戏来"玩"数学，让每一个孩子都能在轻松有趣的环境中，自然而然地亲近数学。

韩 鹏

北京大学附属小学数学高级教师

数学难懂吗？也难，也不难。数学就像游戏，有时候简单得像吹泡泡，轻松快乐；有时候复杂得像走迷宫，晕头转向。问题出在哪儿呢？在我看来，数学本身就是一门独特的语言，有着有趣的"方言"，于是便出现了"爸爸的数学""妈妈的数学""老师的数学"和"孩子的数学"。

这本书不是在解答数学难题，而是在回应这样一个问题：家长如何做，才能和孩子讨论"同一个数学"？这本书做的，是我们这些一线数学老师想做而来不及做的；这本书说的，是我们数学老师最想和家长说的。

贺　洁

清华大学附属小学数学教师

小学阶段的孩子在家写数学作业时遇到"卡点"，父母不仅要乐于，更要善于提供有效帮助。但这恰恰是很多父母的巨大痛点——常常是讲着讲着，父母和孩子就一起崩溃了。为什么父母给孩子讲题讲不明白？不是孩子太笨或不认真听，而是父母不会讲。许多父母既捕捉不到孩子的"卡点"究竟在哪里，也无法用孩子能理解的语言和逻辑进行清晰的解说。如果你也面临这样的困扰，这本书可以助你一臂之力，让数学辅导变得更有效率，让孩子在学习数学的过程中获得更多乐趣与成就感。

真心爸妈

著有《阅读手册》《育儿基本》等作品

孩子都是天生的数学家

　　大人常说"数学好玩，而且还无处不在"，但孩子并没有感觉到这"无处不在"的数学有多好玩，反而想要远远地躲开它。孩子也许并不知道，其实他们自己就是天生的数学家。

　　看完这本书时，我确实有些激动。它恰好告诉了每个孩子的父母，该如何帮助孩子克服畏惧、走近数学。同时，这本书对数学老师来说也有独特的借鉴意义。相信书中一个个生动鲜活的学习活动，一个个妙趣横生的数学游戏，都会轻轻拨动每一位数学老师的心弦。

　　感谢两位来自英国的作者，让我窥见国外小学数学的学习风貌。他们不仅提倡贴近生活去用数学，更重视借助游戏来"玩"数学，让每一个孩子都能在轻松有趣的环境中，自然而然地亲近数学。无论是在加减法中使用数轴，还是在乘法中借助图形，都是将数与形相结合，从而让孩子弄懂运算背后的道理，而不是死记硬背运算规则。

　　作为老师，我们常说要做有温度的数学教育。很多老师也都是这样努力的，他们希望孩子能在获得数学知识的过程中，不断提升数学素养；他们希望每个孩子都能用数学的眼睛去观察、用数学的头脑去思考、用数学的语言去表达。

更重要的是，通过数学的学习，孩子将变得乐观、坚强、富有创造力，还能收获成长的自信和开阔的视野。

最后，祝愿每一个小读者都能怀揣着自己的数学梦想启程。记住，你自己就是天生的数学家。

北京大学附属小学数学高级教师　韩　鹏

前　言

　　"您能辅导我做数学作业吗？"这是让不少家长发怵的问题。的确，很多年前（可能是十几二十年前），当你还是小孩子的时候，那些东西你在学校里通通都学过，不过现在要你辅导孩子做作业，就完全是另外一回事了。再者说，很多事都变了：数学变了，方法变了，就连孩子对爸爸妈妈的态度可能也变了。当然，这话是家长说的，而且他们已经这样说了好几个世纪了。

　　在学校设置的所有课程当中，数学是最让家长担忧的。我们遇到过许多因为孩子从学校带回一些连他们也不会做的数学作业而备感苦恼的家长。不过，也有不少家长具有一定的甚至是很强的数学能力，但他们另有烦恼，那就是孩子现在学的解题方法跟以前不同了。例如，给孩子讲解怎么做减法时，爸爸说如果哪个数位上的数不够减，就要从前一个数位借一当十来减，结果孩子一脸疑惑地跑去跟妈妈说："爸爸越讲我越糊涂了。"

　　本书旨在帮助作为家长的你重新认识数学，用新的视角来看待它，进而帮助你理解为什么现在的解题方法和以前不同了（有些理由非常好）。当你辅导孩子做作业时，如果孩子听完你的讲解却无奈地表示"就是听不懂"，本书也可以帮你更好地了解孩子的想法。我们最大的目标是：为孩子在家学习数学增添更多乐趣。因为这种乐趣在当下似乎越来越少了。

　　数学是学校教育中一门体系庞大的学科，我们不可能在这样的一本小书里无所不谈。因此，我们在本书中重点关注基础知识，即孩子在小学阶段学习（或应该学习）的东西。虽然我们说重点关注的是基础知识，但实际上其中很多

V

东西已经超出了基础知识的范畴。事实上，即使是针对小学孩子的测试，其中一些题目也让大多数成年人大伤脑筋。还好，本书不会涉及正弦、余弦、向量这些概念，也绝对没有二次方程。

目 录

第三章　中小学各年级知识点回顾　17

与 20 世纪 90 年代相比，现在的孩子被要求达到的数学水平
更高。从理论上来说，当对孩子的要求越高时，孩子的表现
就会越好。这确实适用于一些孩子，但也不尽然。高要求会
让有些孩子不堪重负——他们不得不学习自己理解不了的概
念，从而很快对数学失去兴趣。本章罗列了中小学各年级的
知识点，虽然按照课程标准，你的孩子"应该"会做相应年
级的题，但家长应该客观看待，在保护孩子对数学的兴趣
的前提下，降低要求，静待花开。

◎ 关键阶段 ◎ 各年级知识点

第四章　想让孩子学好数学，家长应该做与不该做的事　24

家长的言行举止对孩子有很大的影响，如果你希望孩子喜欢
并擅长数学，那么你该清楚哪些事该做，哪些事不该做。家
长应该做的事有：和孩子一起"玩"数学、让孩子获胜、在
生活中巧妙引入数学话题、鼓励孩子多将数学知识应用到日
常生活中、让计算过程充满刺激、让孩子认识到解题方法不
止一种、做一个"怪胎"、像演员一样投入真情实感。家长
不该做的事有：不要指望自己讲一遍孩子就能懂、不要告诉
孩子自己不擅长数学。

◎ 应该做的事 ◎ 不该做的事

第二部分 ▷ **算术与算术的前世今生**

孩子第一次接触数学是从识数和学数数开始的，很多孩子在正式上学前就学会了这些。虽然家长对数字习以为常，但数字并没有我们想象的那么简单。试想：若古罗马人或古希腊人被时光机传送到一年级教室里，他们一定对这套"数字 1 可以代表 1 个一，1 个十甚至 1 个千"的数字系统心生敬畏。本章介绍了算术的历史，让孩子了解计数制是如何一步一步发展到今天的；介绍了旨在培养孩子数感的游戏和活动，用以增强孩子对数字系统的理解和认识。

◎关于数字和位值，孩子的疑难点◎十进制计数制◎位值的由来◎如果人的手指不是 10 根，数学会是什么样？◎按群组计数的挑战◎在游戏中学习大数◎偶数和奇数◎倒着数◎你能想到的最大的数◎"100 万"和"10 亿"的差别◎小数

加法和减法是数学的两大基石，孩子会先学习口算，再学习笔算。与加法相比，孩子在减法上遇到的问题更多。其实减法有很多不同的含义，它比加法要复杂。减法可以用"从一堆东西中拿走一部分""求两数相差多少"来表示，甚至可以用加法来表示。本章探讨了加减法口算的方法、加减法口

算为什么重要，以及如何培养孩子的口算能力。

第七章　加法和减法：笔算　　　　　

当孩子碰到无法用口算直接得出答案的题目时，就需要使用纸笔来进行计算了。有人说，既然现在大家都有计算器，而且当孩子毕业以后又很少会用到笔算技巧，那么孩子自然应该使用计算器来计算。然而，学习笔算技巧仍然是非常重要的，它能够增强孩子对数字的感知能力，增进对笔算衍生出的数学问题的理解。

第八章　乘法和乘法表　　　　　　　

从加法到乘法只是短短一小步，问题却成倍增多，孩子需要努力理解更加抽象的概念。乘法的学习应该包括两部分：其一，将乘法表牢记于心；其二，学习如何使用运算法则来做大数乘法。本章先来学习乘法表。孩子需要反复背诵乘法表，将乘法表牢记于心，为以后做数学题、学好数学打下扎实的基础。

◎关于乘法和乘法表，孩子的疑难点◎乘法表◎乘法的多种表述方法◎反复背诵乘法表◎背诵乘法表的顺序大有讲究◎乘法交换律与阵列◎将乘法表劈两半◎平方数◎5和10的倍数有规律◎用加倍的方法学习2、4、8的倍数◎9的倍数常规记法◎9的倍数——手指算法◎3和6的倍数◎7的倍数——骰子游戏◎探索12×12以内的乘法表◎11的倍数有规律

第九章　乘法表以外的大数乘法 105

在孩子掌握了乘法表以后，就要开始学习更大数的乘法和除法了。孩子做笔算加减法时可能会出错，在进行乘除法竖式运算时，就更容易犯错了。原因在于，在接触乘法竖式运算之前，孩子已经做了很多大数加减的练习。由于竖式计算看起来很相似，孩子会把从加法中学到的规则用到乘法上，由此得出错误答案。因此，学习乘除法，还是要慢慢来——孩子可能自以为知道自己在做什么，但实际上并没懂。

◎关于乘法表以外的大数乘法，孩子的疑难点◎用不同方法学习大数乘法◎传统竖式乘法◎第一步：使用阵列做乘法◎第二步：画盒子◎第三步：画格子◎第四步：用更大的格子来计算◎第五步：将格子法转变成竖式乘法◎将格子法用于大数乘法◎格子法有助于孩子更好地理解代数

第三部分　算术以外的问题

◎关于分数、百分数和小数，孩子的疑难点◎什么是分数？◎分数的表示◎用"分食物"的方法解释分数◎将分数视为除法计算的结果◎平分比萨◎分数比大小◎分数的化简◎难以比大小的分数◎分数相加◎分数的用途◎分数相乘◎分数相除◎小数和百分数◎百分数问题

第十二章　图形、对称和角　　151

古希腊人发明的几何学是古典数学的开端。学习图形概念时需要孩子进行逻辑推理和运用视觉化思维，对孩子来说，这是很大的挑战。数学家不仅对图形本身感兴趣，还对如何描述图形的空间位置感兴趣，这也是人类成功登月探索宇宙空间的关键。孩子也将在本章学习坐标系。

◎关于图形、对称和角，孩子的疑难点◎图形的名称◎镶嵌——将图形拼接起来◎柏拉图立体◎从展开图到立体图◎足球是由六边形构成的吗？◎角◎直角、锐角和钝角◎三角形◎对称◎坐标◎在家玩"镜子戏法"◎回文和回文数

第十三章　量和单位　　175

时间、距离、面积、体积、速度、重量，所有这些都需要进行计量，因此，孩子在学校里会花大量时间学习认识钟表，使用直尺、秤和其他计量工具。与此同时，孩子也要学会运用想象力，使用估算的方法来计量。

◎关于量和单位，孩子的疑难点◎英制和公制◎选用正确的计量单位◎时间◎时钟和方向◎用手表辨别方向◎长度◎让孩子认识计量仪器上的刻度◎周长◎面积◎复杂图形的面积◎体积◎重量◎计量"基准"

第十四章　统计和概率　　　　　189

统计和概率是小学数学课程中的重要组成部分。孩子会在数据处理这部分内容中学习统计的初步知识。处理数据听起来很乏味，但孩子会从中发现很多乐趣：提出问题→对回答问题所需收集的信息做出选择→将信息进行整理、归类→将信息以图表的方式呈现出来并加以阐释→利用得出的结论来理解周围的世界。玩过纸牌或骰子游戏的孩子都很熟悉概率的概念。

◎关于统计和概率，孩子的疑难点◎计数和频数◎数据的比较、分类和组织◎与众不同◎维恩图◎卡罗尔图　◎数据处理的过程◎结果的呈现方式◎故事图表◎饼图◎饼图的比较◎让孩子准备好面对"政治化妆师"◎平均数、中位数和众数◎该选用哪种平均值呢？◎话说"可能性"

第十五章　用计算器解决数学问题　　　　　211

直到20世纪70年代，计算器才进入普通家庭，之前很多家长都没有在学校使用过计算器，而现在，计算器已经成为课堂上的标配了。在本章中，我们会关注计算器中暗藏的"陷阱"，并探讨计算器是如何辅助、又是如何阻碍孩子对数学的理解的。

◎ 使用计算器时，孩子的疑难点 ◎ 使用计算器对孩子的数学能力有损害吗？◎ 计算器算出的结果正确吗？◎ 普通计算器的陷阱 ◎ 百分比键 ◎ 揭露计算器陷阱的3 种方法 ◎ 正确的运算顺序——BODMAS ◎ 计算器可以帮助孩子探索数字规律 ◎ 神秘的 12345679 ◎ 用计算器学习乘法表 ◎ 给计算器加点儿创意 ◎ 平方根键初探 ◎ 平方根的估算

虽然代数、几何、对数和无穷大等概念都是初高中才学的内容，但一个聪明的 10 岁孩子不仅能理解这些概念，可能还会非常感兴趣。在本章中有 7 道思维题，家长可以与孩子一同思考，一起做游戏，探索迷人的数学世界。

◎ 代数的魔力 ◎ 给地图上色 ◎ 读心卡 ◎ 次方的次方 ◎ 三角形的面积 ◎ 是什么让圆如此特别？◎ 无穷及之后

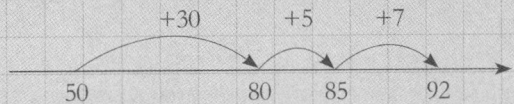

+30　+5　+7

50　　80　85　92

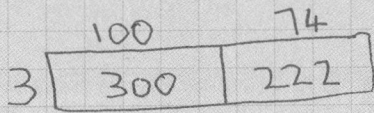
100　　74

3 | 300 | 222

= 522

$137 + 6 = 143$

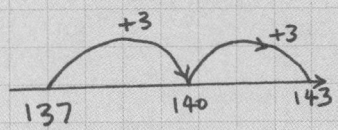
+3　+3

137　140　143

$\frac{16}{64} = \frac{1}{4}$

第一部分

如何让孩子
学好数学?

$$24\,\overline{\smash{)}756}$$
240　10x
516
240　10x
276
240　10x
36
24　1x
12

52

$$22\,\overline{\smash{)}739}$$
660　30x
79
66　3x
13

= 33余13

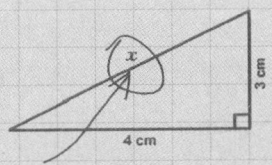

x

3 cm

4 cm

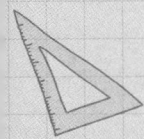

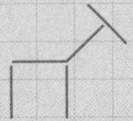

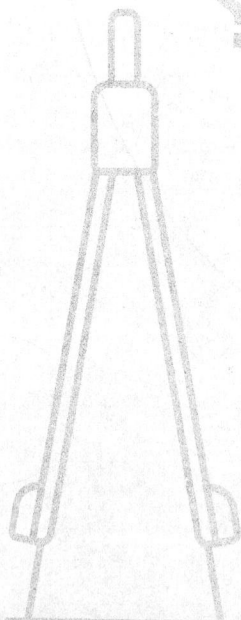

第一章 关于数学，家长的疑惑

求 x 的值。[①]

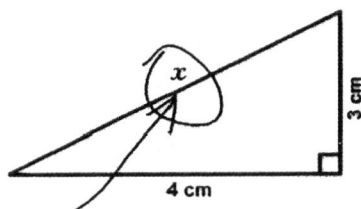

在这里

关于这道著名的数学题，我们不确定是不是真的有孩子给出了如此"有创意"的答案，不过可以确定的是，本书所举的其他让人哭笑不得的事例都在课堂上真实出现过。

在我们跟许多家长交流的过程中，有些问题一再出现，我们把这些问题称为"重要问题"，其中有 4 个问题我们觉得特别重要，因此放在本书开头。

①此处原文为"Find x"。"find"有"找出"之意，也有"求得"之意。这道题的本意是让孩子求 x 的值，但孩子显然理解错了。——译者注

为什么现在孩子学习数学的方法不同了？

当孩子长到 6 岁该上小学时，不少家长会遭受沉重的打击，因为他们发现孩子带回家的数学作业涉及很多他们不了解的数学知识和解题方法。对很多家庭来说，这是一个不小的问题。急于帮忙的家长会发现：第一，他们看不懂孩子的解题方法，因此不知道孩子做得对不对；第二，他们原本想让孩子弄懂某道题，到头来却把孩子弄得稀里糊涂的。许多家长对此感到沮丧和无助。

这究竟是怎么回事呢？作为家长，你又能做些什么呢？

以前，上数学课似乎就是在一片寂静中，运用已有数百年历史的加减乘除原理，埋头做着好像永远都做不完的计算题。如今，在大多数学校里，这样的日子已经一去不复返了。现在的课程安排更关注合作与研究——即使在数学课上，孩子长时间静静做题的现象也很少见。

计算思路也发生了变化。孩子做数值较大的乘法计算题时，使用的方法与之前不同了。例如，计算 79×43 时，大多数家长以前所学的是竖式乘法，他们中的许多人现在仍在使用这一方法。可是，没有多少家长能解释清楚这种方法为什么行得通。它就像一个黑盒子——你转一下手柄，正确答案就从另一端出来了。如今，学校侧重于教授有助于孩子理解"数学的本质"的方法，从而（从理论上来讲）降低他们犯错的概率，并为他们以后理解更复杂的数学知识奠定基础。

这种从"学习如何做"到"学习为什么"、从"学习解题技巧"到"学习深层次数学原理"的转变发生的主要原因有以下两个。

第一，人们逐渐意识到，只学习解题技巧的话，并非每个人在小学毕业后都能完全掌握竖式乘法、长除法等计算技巧。几项针对成年人理解水平的调查证实了这一点。

第二，技术正以越来越快的速度改变着我们的世界。如今，计算器已经取代了计算尺①和对数表②。在日常生活中，人们实际用竖式乘法或长除法进行计算的机会已大幅减少，但是判断该用乘法还是该用除法的场合增多了（去哪个超市购物能让我省更多钱？购车时采用哪种分期付款方案更划算？），并且我们还需要判断电子表格或计算器提供的答案是否准确。今天，孩子学习的计算技巧更接近自信的数学家所使用的"粗略估算法"③（back of the envelope calculation）。

孩子学习这些技巧主要不是为了得到正确答案（因为计算器才是进行大体量计算的最佳工具），而是为了提高数学方面的洞察力、培养数感④。正如理查德·斯根普⑤（Richard Skemp）所说，这就好比给一个人提供的不是从 A 点到 B 点的具体路线图，而是整张地图。仅有具体路线图的话，如果不小心走错路，你就会误入歧途，很难回到正轨上来；而如果有整张地图在手，你就可以自行规划最合理的路线。现在的数学教育，致力于教孩子绘制属于他们自己的数学"地图"，而不是让他们死记硬背一些"路线图"。

作为家长，了解新的解题技巧非常重要。本书在多处介绍了重要的解题技巧。你真正需要知道的有：用于乘法计算的**格子乘法**；用于除法计算的**组块法**；

①计算尺：也叫算尺，是根据对数原理制成的一种辅助计算工具，应用于乘、除、乘方、开方、三角函数及对数等运算。计算尺在 20 世纪 70 年代之前应用广泛，之后被电子计算器取代。——译者注
②对数表：有常用对数表和自然对数表两种。在没有计算器的时代，通过查对数表能大大减少计算量。——译者注
③粗略估算法：出自美籍意大利裔物理学家恩里科·费米（Enrico Fermi），因其喜欢随手在纸片（如信封）上进行粗略的计算而得名。——译者注
④数感：主要是指关于数与数量、数量关系、运算结果估计等方面的感悟。建立数感有助于学生理解现实生活中数的意义，理解或表达具体情境中的数量关系。——译者注
⑤理查德·斯根普：英国数学家，教育心理学家，著有《数学学习心理学》等书。——译者注

数轴的概念及其使用方法。孩子现在需要学习和使用**拆分法、阵列和卡罗尔图表**这样的专有名词，因此你会遇到一些不太熟悉的术语。你可以在数学词汇表中找到所有这些让你忧心的专有名词。

不过，你应该感到欣慰的是，虽然学校现在教授的技巧中有一些名字很"新"（如"补偿法"），但技巧本身其实并不新。其实，这些技巧可能比当初你在学校里学习的那些还要古老。古罗马人和古埃及人曾使用拆分法将数字快速相加，现在你的孩子也在这样做。不要被这些新术语欺骗了，其实原理很简单、很古老。

此外，你还应感到欣慰的是，随着孩子数学学习能力的不断提升，他们学习的所有技巧最终都会与你学习的那些联系起来。比方说，等孩子对乘法计算比较有信心时，他们就会用你习惯的竖式乘法进行计算。

我怎么才能克服对数学的恐惧？

如果数学是你擅长的学科，那么恭喜你，你可以直接跳过这个问题了。当然，如果你想知道其他家长对数学的感觉，你也可以浏览一下下面的内容。

在一些家长看来，数学就是一座真实存在的地狱，他们看到小学六年级的考试卷子就会感到浑身不适。很多成年人在看到数学题时会感到恐惧或恶心。尽管很难确定有多少成年人会有这样的反应，但我们开展的一些非正式研究表明，可能30%的成年人有这种感觉（你要知道，30%意味着10个人里有3个人有这种感觉）。

家长很害怕孩子发现自己有"数学恐惧症"。我们采访过的一位妈妈说出了许多家长的心声："孩子做作业时，我很害怕辅导他做数学作业，每次他找我帮忙，我都会找理由推脱，因为实在是不愿意面对数学题。好在孩子的爸爸比较擅长数学，因此我通常找借口说自己在忙，让他去问爸爸。一段时间以后，孩子在数学上遇到难题时都不再找我帮忙了，他应该已经知道是怎么回事了。但是，我感到非常内疚，觉得他好像对我失望了。"

这种恐惧来自哪里呢？

我们经常听到一些人说自己没有"数学基因"（当然，这意味着他们也没有"数学基因"可以遗传给孩子）。但是，这种说法真的能解释"数学恐惧症"吗？

答案当然是否定的。怎么可能存在"数学基因"这种东西呢？人类对代数、概率和微积分的研究只有几百年历史而已。今天的大多数成年人，即使是那些自称数学学得差的人，数学也要比中世纪的绝大多数成年人好得多。更何况，基因进化需要数千年甚至数百万年的时间才能完成。因此，即便我们的大脑中存在某种让一些人精于数学而让另一些人不得不在数学苦海中挣扎的物质，它也不可能是所谓的"数学基因"（有些科学家认为，数学能力可能是语言表达过程中的副产品，而语言表达本身就需要高水平的抽象思维能力）。

当你同大多数人谈起他们对数学的厌恶之情时，他们往往会提到一个导致他们产生自卑心理的人（老师或家长），话题也会就此打住。其实大家害怕的并不是数学本身，而是害怕被羞辱。

令人震惊的是，我们发现在过去（你要知道，第二次世界大战时期是"过去"，20 世纪 80 年代也是"过去"），我们的父母辈和祖父母辈中居然有那么多人在学习数学时曾有过不愉快的经历，其中比较常见的是在全班同学面前被羞辱。有些人甚至还能回想起当时受到的惩罚——"珀金斯，7 乘 8 等于多少？""呃，54？"然后，只见一块板擦从左耳边飞过，他赶忙低下了头。

有些人还承受着心理上的痛苦。一位妈妈说："我做的最可怕的噩梦就是，格雷戈里先生站在教室前面，让我们反复地喊'数学真有趣，数学真有趣'。"就像这位妈妈所说的，强行向别人灌输某件事情很有趣的想法，实际上只会适得其反。让我们现实一点儿吧。任何有意义的学习都需要付出努力，学数学也不例外。我们最大的误区，就是认为学习应当是一件毫不费力且非常有趣的事。这会导致孩子认为，如果自己只有努力才能学好数学，那么意味着自己可能并不擅长数学。在一向对数学有着高标准、高追求的日本，人们更注重努力而非能力。

当然，这类"噩梦事件"发生的概率有多大，我们不得而知。不过，也许片刻的羞辱就会让人们心中的整座数学大厦轰然倒塌。许多家长都能想起有那么一个时刻，数学突然像一堵砖墙挡在他们面前，他们似乎在数学上无法再前进一步。这类"噩梦事件"也可能发生在优秀的数学家身上，只是他们碰壁的时间要晚一些，往往是在大学时期或更晚的时候。许多数学家很享受这种"碰壁"，因为他们将其视为一种挑战。

你可以做些什么来克服自己对数学的恐惧呢？

● 请相信你比自己想象的更擅长数学。成年人总是将他们会做的数学（比如通过比较找出规律，在超市购物时选择更划算的商品，以及研究政府公布的统计数据）视为"常识"，而将他们不会做的归为"数学"。如此一来，不擅长数学就成了一个"自我实现预言"。

● 大多数成年人认为，数学这个学科完全要"能做"和"做对"。我们不这么认为。相反，我们认为学习数学最重要的部分就是"卡住"和"做错"。一道数学题之所以被称为"题"，不是没有原因的，这个原因就是人们本来就预期在解答的过程中会遇到一些困难。因此，在解题过程中思维卡住并不是什么丢人的事情。通常来说，最好的解决办法就是将问题搁置一段时间——有时，把事情留到第二天解决反而能收到意想不到的效果。

● 在孩子上床睡觉后，放点儿轻松的音乐，试着做一下本书后面所附的思维测验题。你先要认识到一点，即有些孩子觉得所有题都是"不可能"被解出来的。可能你也发现了，你觉得有些题目很难，而有些题目你轻轻松松就能解出来。想一想这是为什么。将你看到题目后的反应与其他家长的反应做一番比较的话就会发现，其实你们的思维方式有很多共通之处。当你意识到还有很多家长跟你处境相似时，你就不会对数学过于恐惧了。

我怎么才能让孩子喜欢数学并且学得比我好呢？

对数学的兴趣与数学能力是两个话题，不过因为二者密切相关，因此放到一起来讨论。通常来说，孩子花在数学上的时间越多，学得就越好，而从学习数学中得到的乐趣越多，孩子愿意花在数学上的时间也就越多。一个孩子对数学是否有兴趣和数学学得好不好，多半取决于他在家里学习数学时的经历。

你的积极反馈能起到正面影响。你应该夸奖孩子为学好数学所付出的努力，而不是夸奖他"聪明"或"反应快"。让孩子抱着"成长"的态度学习数学特别重要：他可能无法立即做出某道题，但这并不意味着他永远做不出来。如果你只用"聪明"或"反应快"这类笼统的词来表扬他，那么当他遇到不能马上做出来的题目时，就会认为自己能力有限并会轻易放弃。

提供反馈的最佳时间，就是陪孩子写作业的时候。看到孩子算错题，你可能很想立马指出来，并给他讲解正确的解题方法。不过，最好不要那样做。你可以让孩子说说他的解题过程，慢慢地引导他，直到他自己发现错误。

为了引导孩子详细地说出他的解题步骤，你可以先给出答案。如果有必要，你可以在计算过程中复制孩子的错误，故意算错，然后以自嘲的口吻更正："3+3=7……等一下，不对，哎呀，妈妈（爸爸）犯傻了……"当孩子讲述解题步骤的时候，给他充足的时间，听他讲完。通常来说，孩子第一次犯错是因为他对基础知识掌握得不够牢固。让孩子从头到尾讲解自己的解题步骤的一个好处是，有时他能自己意识到错误所在。这样，他就会发现，做错题不意味着就要受到惩罚，并且爸爸妈妈有时也会做错。

孩子做对了的时候，也要请他解释一下是如何解答的，这样你就有机会检查他的推理过程是否正确（有时通过错误的推理也能得到正确的答案）。此外，这样做还有更重要的意义。如果你只是在孩子做错了的时候才要求他解释，他就会将"解释"同"失败"联系起来，并逐渐保持沉默，不想暴露自己的错误。作为家长，如果孩子不愿透露他的解题思路，你就无法帮助他认识自己的错误。

要包容孩子做题时的"卡顿"。进行一对一辅导的时候，你会很自然地想"我一定要把这一点讲清楚"或者"为什么他就是听不懂呢"。学习绝非一朝一夕的事，不妨休息一下，隔一天或一周再看这个问题，也许就豁然开朗了。对一时被难题困住或者爱发脾气的人来说，搁置问题有时不失为一种解决问题的方法。

你要让数学变得趣味横生，而非乏味无聊。最重要的是，绝对不要说自己对数学"完全不在行"。这是你最不该做的事，具体的会在"想让孩子学好数学，家长应该做与不该做的事"（第 24 页）中详细介绍。如果你对数学感兴趣，就会勾起孩子学习数学的兴趣。在日常生活中不时谈论数学，并将娱乐融入其中，让数学不再是只有坐在书桌前顶着压力才能完成的任务，这样孩子肯定更能享受数学学习的乐趣。你具体该怎么做呢？这就是本书接下来要讲的内容。

孩子（或我本人）为什么要学习数学？

除了前面提到的 3 个重要问题，还有一个问题对一些家长来说也十分重要。当你的孩子因为不会计算阴影部分面积占整个图形面积的几分之几而大哭的时候，或者当你碰到要求找出因数的题目的时候，你不禁会想："我毕业之后，从来没用到过这些东西。"你会质疑："为什么我和孩子都要经受数学的折磨？"其实，有这种想法无可非议。

"为什么要学习数学？"是一个多年来让教育工作者备受困扰的问题。有关义务教育课程应该包括哪些内容的争论似乎永无休止。事实上，不管你喜不喜欢，你的孩子都得学这些东西，而这正是让许多家长感到苦恼的地方。

有些数学知识在生活中有实实在在的用处，确实应该学习。每个孩子都知道，基本的算术在生活中的很多地方用得到，比如计算食谱配料、计算找零金额、测量身高、计算自己要节省多少钱才买得起新玩具。然而，也有一些数学知识，孩子当下并不知道有什么用处，比如计算百分比、估算、统计。不过家长明白，在孩子自立之后，这些知识将成为他们重要的生活技能。

谈到更抽象的数学概念时，问题就来了。孩子什么时候要用到质数？知道五边形各内角的度数有什么实际的用处？

如果这些知识在当下或未来对你并没什么实际用处，你不禁会追问："学这些知识到底有什么意义？知道亨利八世有 6 个妻子或者镁燃烧时会发出耀眼的白光有什么意义？"这是很难回答的问题。如果你相信知识自有用处，相信多学点儿东西总是好的，那么数学就和我们了解的亨利八世的相关背景一样，是学习其他浩瀚知识的基础。对一些家长来说，这个理由可能就已足够；不过大部分家长还是想要更充足的理由。

为什么不论你的孩子喜不喜欢、有没有天赋，他们都必须做那么多数学题？一个重要原因在于，数学能力已经成为迈入职场的重要入场券。在很大程度上，孩子以后是否真的会用到所有这些数学知识无关紧要，重要的是，社会已经将数学能力视为基本要求，而社会意志是不能轻易改变的。因此，如果你希望你的孩子拥有更多的职业选择，无论是当护士、工程师、律师还是当游戏设计师，那么他就必须具备一定的数学能力。虽然我们也不希望这样，但这就是现实，任何人都无法逃避。

有些人会说"数学能教你思考以及创造性地解决问题"，这样说是对的，但对大多数孩子来说，这个说法过于抽象，他们很难理解。有些人会争辩说："一台 PS 游戏机不也能取得相同的效果吗？"实际上，用 PS 游戏机来举例没什么说服力，因为大多数电子游戏就锻炼一个人的思维能力而言作用非常有限。良好的数学教育则有助于人们学习一些普遍适用的思维技巧，特别是严谨缜密的推理技巧，人们因此能够找出规律，从而做出合理的预测。这些技巧既可应用于对重大问题的思考（比如理解宇宙的形状），又可应用于日常小事（比如计算自己 30 年后能领到多少养老金）。

面对"有什么意义？"这样的问题，最好的回答便是反问一句："为什么必须有意义？"玩数独游戏有意义吗？阅读诗歌有意义吗？没有意义。但是，这并不能阻止数以百万计的人每天以此为乐。当然，孩子学习数学确实有一定的意义，那就是能获得长大成人后不可或缺的实用技能。但如果对孩子来说学习数学变成了一种乐趣，有没有意义又有什么关系呢？从中体味到乐趣并不意味着每时每刻都喜笑颜开。在踢足球、爬山和参加其他令人愉快的活动的过程中，通常也会有令人不舒服、沮丧甚至痛苦的时刻；实际上，如果没有这些负面感受，这些活动就不会让人产生如此大的满足感了。

对那些质问"学数学有什么用？"的人来说，找到数学中的乐趣才是关键所在。对大多数人而言，学不好数学的原因并不在于没有数学天赋，而在于找不到其中的乐趣。这有一部分是因为他们所接受的数学教育有问题。如果儿时你学习数学的方法不当，只是重复练习前人的技巧，那你是不可能感受到数学中的乐趣的。

从各个层面来看，游戏都是数学的重要组成部分，这也是游戏在本书中占据突出地位的原因。好奇心也很重要，因此我们在书中加入了一些可能让孩子觉得有趣的挑战。我们并不指望每个人都对数学产生兴趣，因为也不是每个人都对历史或地理感兴趣。但是，如果孩子从没有将数学作为一门好玩的、有趣的课程来学习的话，他就永远不可能对数学产生兴趣。

第二章 家中必备数学小教具

作为家长，你有很多机会在家里与孩子谈论数学。在家里摆放一些日常生活中的数学小教具，能增大数学在谈话中自然出现的概率。

放在厨房或餐厅显眼位置的时钟。如果既有指针时钟又有数字时钟就更好了，这样一来，理解和比较两个时钟上的时间就会成为孩子的日常习惯。

传统挂历。日历中隐含着一些数学规律。例如，某一列中的数字都是7的整数倍。你也可以通过比较4×4的正方形区域中对角线上的数字等来发现其他规律。

跟骰子和转盘有关的棋盘游戏。熟悉骰子和转盘不仅有助于提高计算能力，而且能加强对概率的理解。

骰子游戏用的骰子不一定非得是正方体。有一种名叫"出局"（英文名称为"Howzat"，玩法详见第64页）的模拟板球比赛的游戏，用的骰子是传统的正方体骰子（因为道具方便携带，所以非常适合在户外玩）。有些游戏，特别是一些幻想类的角色扮演游戏，会用二十面体骰子。

一副扑克牌。你可以跟孩子玩一些扑克牌游戏（如"捉对儿"①和"21点"②）。玩扑克牌游戏是学习分类和概率的很棒的方法。

---

① 捉对儿：英文名称为"Snap"，一种简单的扑克牌游戏，玩家轮流亮牌叠成一叠，争取在出现同点数或同人头的两张牌时，先喊 Snap 以赢得整叠牌。——译者注

② 21点：英文名称为"Blackjack"，一种扑克牌游戏，起源于法国，中文名为"21点"或"黑杰克"，可 2~6 人一起玩，使用除"大王"和"小王"之外的 52 张牌，游戏目标是使手中牌的点数之和在不超过 21 的前提下尽量大。——译者注

有一种扑克牌游戏叫"猜猜我是谁"[①]。所有年龄段的孩子都喜欢这个游戏。玩这个游戏时，你只有先猜出你的对手选择的是 24 个角色中的哪一个才能获胜。这个游戏考查的是孩子的分类能力（比如，性别是男是女，有没有戴眼镜，等等）。

计算器。具备基本计算功能的就行。一方面以备不时之需；另一方面，可以用来玩计算器游戏（第 211 页"用计算器解决数学问题"）。

量杯。孩子将来在学校里会接触到量杯，因此家里有量杯能帮助他们更好地熟悉一些概念。带有"品脱"[②]和"升"两种刻度标记的量杯能让孩子对单位换算有直观的感受。你不妨收集一些空洗发水瓶或矿泉水瓶，让孩子用它们动手制作量杯。

干豆子、通心粉或彩色巧克力豆。它们在数一大堆东西的数量时很有用。例如，你可以抓起一大把干豆子，然后把它们 2 个 2 个分堆或 3 个 3 个分堆，让孩子计算剩余多少。

卷尺或直尺。测量家具或新窗帘的尺寸或 DIY 时，让孩子参与进来。你可以按住卷尺的一头以确保零刻度对准测量起始点，让孩子帮忙测量并读数。

一大板巧克力（如 4 行 8 列）。平时藏起来，只有在比较两个分数大小的时候才拿出来。巧克力是很好的奖励，也是孩子学习的极大动力。

数字和数学符号磁性冰箱贴。这样你就可以让数学变成家里的即兴游戏了。我们遇到过这样一个爸爸，他会在孩子睡着之后，在冰箱上出一道"7×9=？"

---

①猜猜我是谁：英文名称为"Guess Who"，是一款适合两个人玩的扑克牌游戏。玩家先要从 24 个不同的角色中选择一个代表自己，然后轮流提问，被提问的人只能回答"是"或"不是"。例如，A 提问："头发是不是黄色的？"B 答："不是。"先猜出对手所选角色的玩家获胜。——译者注

②品脱：英、美计量体积或容积的非法定计量单位，分英制品脱、美制品脱两种。1 英制品脱 =0.5683 升，1 美制液量品脱 =0.4732 升，1 美制干量品脱 =0.5506 升。——译者注

这样的计算题,当作孩子第二天吃早餐前需要解开的谜题——想象一下那个时候他们脸上的笑容……

老式厨房秤。称量配料时需要用到砝码的那种。这种秤不仅是学习加法的好教具,而且有利于孩子理解方程的概念,即秤一端东西的重量和另一端砝码的重量相等。

磁性飞镖盘和飞镖。孩子通过投掷飞镖不仅能学习加法和减法,而且能熟悉 2 倍、3 倍等倍数的计算。此外,在每局游戏的最后,孩子得计算出要投掷的目标分数:"我怎样才能在接下来的两轮投掷中获得 47 分,并击中二倍区来赢得比赛呢?"

多米诺骨牌。通常来说,多米诺骨牌游戏指的是推骨牌的游戏——先将骨牌立起来排列成行,然后将第一枚骨牌推倒……这是个很棒的游戏,但它似乎慢慢从人们的生活中消失了。你可以在家跟孩子重拾这个游戏。你也可以用多米诺骨牌跟孩子玩排列组合的游戏(当然,只能在 0~6 这个数字区间里玩)。

室内 / 室外温度计。这是适合放在厨房里的用具,可测量室内或室外的温度。在冬季,室外温度计上显示的数字会变为负数,因此你的孩子自然就会了解"结冰""零下"和"负数"这些概念。

其他你想要添置的……

第三章 中小学各年级知识点回顾

这里汇总了孩子在中小学阶段可能学到的数学知识。多年来，公立小学一直执行政府制定的国家课程标准，如此一来，哪一学年的哪个阶段该教授哪些课程内容就有了一个规范。有些学校严格按照课程标准制订教学课程表，你甚至可以知道在四年级上学期的第三周，老师会给孩子留什么作业。

不过，国家课程标准仅仅是一个指导方针。目前，在各种课程的授课时间和授课方式方面，越来越多的学校获得了比较大的自主权。

当然，学校也可以选择其他教材来丰富课程体系。例如，根据英国的课程标准，小学数学不再教授概率相关内容，但很多孩子其实在生活中还是会接触到概率等概念（特别是在玩骰子游戏或扑克牌游戏时）。如果孩子想要了解这些概念，那么家长完全可以教他，毕竟学习这些概念对孩子来说有百利而无一害。实际上，我们认为，让孩子从小了解概率和风险这些概念，对他大有好处！

这也正是我们不希望本章内容过于冗长的原因，我们不希望家长过度关注自己的孩子超前还是落后于"正常进度"，因为这样可能在无意中给孩子施加了不必要的压力。（"萨姆，按说你现在应该会做分数的加法运算了，可你是怎么搞的？"）

你可能已经发现这样一个事实：与20世纪90年代和21世纪初相比，现在孩子被要求达到的数学水平更高一些。从理论上来说，你对孩子要求越高，他的表现就越好。这确实适用于一些孩子，但也不尽然。高要求会让有些孩子不堪重负——他们不得不学习自己理解不了的概念，从而很快对数学失去兴趣。

因此，虽然按照课程标准，你的孩子"应该"会做这样那样的题，但家长和老师需要对这样的要求是否现实有清醒的认知。

在详细介绍每个年级涉及的知识点之前，先解释一下可能让一些家长感到困惑的术语——关键阶段（Key Stage，简称 KS）。

关键阶段

英国政府在推出国家课程标准的同时，规定了孩子的入学年龄和受教育年限。孩子年满 5 岁时正式入学，进小学的第一年为"接待年"[①]（Reception）。第二年孩子升入一年级，接着是二年级，这两年被称为"第一关键阶段"。"第二关键阶段"从三年级开始，到六年级结束，至此小学教育结束。"第三关键阶段"的教育包括七年级、八年级、九年级的教育，是初中教育的一部分。而进入"第四关键阶段"即接受高中教育，包括十年级和十一年级这两年的教育。接下来，那些想继续读书的学生则进入"第五关键阶段"，接受十二年级和十三年级的教育。

各年级知识点

接待年

数数是学习算术的基础，十分重要。在接待年，孩子要学会按顺序数数，即正数或倒数，并能数出一堆物品的总数。老师会鼓励孩子使用"更多""更少"等词来体会数字的大小。

①接待年：英国小学把孩子入学的头一年称为"接待年"，主要是帮助孩子适应学校的学习生活。——译者注

在这一阶段，孩子会学习 10 以内加减法，比如"比 6 大 1 的数是多少？"或"你能说出比 7 小 1 的数吗？"老师还会鼓励孩子玩一些游戏，比如将两堆日常用品放在一起，让孩子数出总数，或者从这堆东西中拿走一些，以引入减法的概念。

在按群组计数的活动中，孩子开始接触乘法和除法。例如，现在共有 4 个盘子，每个盘子里有 3 颗糖，问一共有多少颗糖。老师还可能以"3 只熊平分 9 块饼干"这样的话题来引入除法的概念。

寻找规律、建立模型、将物品归类能培养孩子的数学推理能力，不过在这一阶段，孩子还只会使用日常用语来描述，比如用"更大""更多""更重""更轻"等词来进行比较。

一年级

在接待年，孩子就已经开始学习数数了。不过，进入一年级后，他学习的范围会拓宽到数字 100 甚至更大，学习正着数数、倒着数数或从任意数字开始数数，以及 100 以内阿拉伯数字的读写和 20 以内数字的书写。一年级的孩子会学习凑十法（像 4+6 和 7+3 这样相加正好等于 10 的算式）和 20 以内的加减法，并知道加法和减法互为逆运算（比如学会了 6+5=11 这个算式，他就能知道 11-6=5 或 11-5=6）。乘法运算所需的技巧是通过按群组计数这一方法习得的，比如让孩子数数时 2 个一数、5 个一数、10 个一数。一年级的孩子也会学习 $\frac{1}{2}$、$\frac{1}{4}$ 这样的分数；孩子会比较、描述和解决涉及长度、高度和重量的实际测量问题；学习辨认不同面额的硬币和纸币；学习辨认指针时钟的时间，会读出整点时刻和半点时刻；学习常见平面图形或立体图形，比如正方形、三角形、正方体和球体。

二年级

在 2 个一数、5 个一数、10 个一数的计数基础上，二年级的孩子会学习 3 个一数，学习从前向后数数、从后向前数数。孩子会学习位值的概念，区分两位数的十位和个位，并运用这个概念来解决问题。孩子应能熟练地掌握 20 以内的加减法，并能进行 100 以内的加减法运算。例如，知道 9+5=14 后，他就能算出 39+5=44。他会学习奇数、偶数，知道只有进行加法或乘法运算时能调换运算顺序，进行减法或除法运算时不能随意调换运算顺序，并且学习加减乘除混合运算的运算顺序。他通过长度或计算一堆物品的总数来学习 $\frac{1}{3}$、$\frac{1}{4}$、$\frac{2}{4}$ 和 $\frac{3}{4}$ 这些分数。他通过"整点过一刻""差一刻到整点"这样的描述来认识钟表，甚至细化到以 5 分钟为一个单位的时间。孩子要能根据时钟指示的时刻，描述指针的位置和转动情况，比如：指针转了 $\frac{1}{4}$ 圈、$\frac{1}{2}$ 圈和 $\frac{3}{4}$ 圈。通过分析和绘制简单的象形图、条形图、方框图及表格，孩子会学习如何进行数据处理，并就以这些方式呈现的数据进行提问和作答。

三年级

如果你的孩子正在读三年级，那么整数他很可能已经学到了 1000，学习了数字的读写与比较，以及识别数字的位值（个、十、百）。三年级的孩子会学习 4、8、50、100 等数字的倍数，而且要能说出比某个指定数字多（或少）10 或 100 的数字。他还要学会用口算的方法进行运算，比如计算一个三位数加上一个一位数或者 10 的倍数等于多少，而且要会用列竖式的方法进行 1000 以内数字的加减运算。他要会用估算法进行解题并检查答案。他会学习两位数乘以一位数的运算，能够用乘法和除法解决问题。分数的学习会涉及 $\frac{1}{10}$，能用图表来表示简单的等值分数，进行同分母分数的加减运算与比较。他会学习如何计算简单图形的周长，学习找零问题，读钟表时间时要精确到分钟。对时间的认知加深，要知道一分钟有多少秒、一个月有多少天、平年和闰年各有多少天。他会学习绘制平面图形和立体图形，而且能够更为精准地描述。在角的学习上，会涉及周角、直角、平角和优角，并会将这些角作为参照同其他角相比较。此外，他还会学习水平线、垂直线、平行线等，会使用条形图、象形图和表格来诠释和呈现数据，并回答相关问题。

四年级

在四年级，孩子会学习 6、7、25 和 1000 的倍数，能说出比某个指定数字多（或少）1000 的数字，能从零到负数倒着数数，学习四位数的读写、排序和比较，能识别数字的位值（个、十、百、千），能将数字四舍五入到最为接近的 10、100 或 1000，并了解罗马数字的历史。四年级的孩子会用列竖式的方法进行四位数的加减运算，并使用估算法检查答案。他的解题能力不断提升，能背出 12×12 以内的乘法表。他能够用笔算的方法进行两位数或三位数乘或除以一位数的运算。他学习的分数将扩展到百分数，能找出十分之几、百分之几等分数的等值分数，进行同分母分数的加减，以及分数大小的比较。孩子将接触到小数的概念，比如将 $\frac{1}{4}$、$\frac{1}{2}$、$\frac{3}{4}$ 转换成对应的小数，将某个小数四舍五入到最接近的整数，比较小数的大小。

四年级的孩子要会进行不同单位之间的换算（比如千米和米之间的换算），并通过计算一个图形里小方块的个数来求出整个图形的总面积。在时间认知方面，要能将指针时钟上显示的时间用 12 小时制、24 小时制来表示，能将秒、周分别换算成分钟、天数等。能用坐标描述某个点的位置、绘制某个特定的点，会使用条形图诠释和呈现离散数据，使用折线图呈现连续数据，并回答以各种形式呈现的数据的相关问题。

五年级

五年级的孩子要能从任何给定的数字开始，以 10 的 n 次方（10、100、1000……一直到 1000000）倍向后数数。要能从零开始往回数到负数，而且能通过上下文理解负数的概念。他会学习 1000000 以内整数的读写、排序和比较，识别数字的位值，将数字四舍五入到最接近的 10、100、1000、10000 或者 100000。他要学会用列竖式的方法进行四位数以上的加减运算，能适时运用口算技巧进行大数字的加减运算，会用估算法检查答案。有关乘法和除法的相关内容，需要了解的概念还包括：倍数、因子、质数、合数、平方数、立方数。五年级的孩子还会学习乘法和除法的笔算法，比如 2384×12、4512÷3；学习整数或小数与 10、100、1000 相乘或相除；进行同分母分数的加减（如 $\frac{1}{7} + \frac{3}{7}$）；通过图表来探究分数乘整数、带分数乘整数的计算方法；能读并比较三位小数，并将三位小数四舍五入成一位小数。孩子应对百分比这个概念有一定的理解，能明白百分数表示的是"某个数的百分之几"，23% 可以写作 $\frac{23}{100}$；同样也要学习 $\frac{1}{2}$、$\frac{1}{4}$、$\frac{1}{5}$、$\frac{2}{5}$ 和 $\frac{4}{5}$ 对应的百分数和小数。

孩子会学习如何计算面积和周长，如何估算体积。在几何中，他会学习以度为单位来测量角的大小，能够根据给定的角的度数和长度绘制出相应的图形。

六年级

六年级的孩子会学习 10000000 以内的整数，识别数字的位值，将数字按要求取近似值。他会碰到有关负数的问题；学习四位数以内的多位数与两位数相乘或相除的笔算法（比如 6124×23），并能理解余数的概念；学习如何判断质数，用公因数将分数约分成最简分数（比如将 $\frac{10}{25}$ 化简为 $\frac{2}{5}$）；进行分数的加减运算和比较、分数的乘法运算，以及整数除以真分数的运算。需要知道更多的百分比相关的知识，比如要知道 25% 等于 $\frac{1}{4}$。六年级孩子开始接触比率和比例问题；学习解方程；学习简单的公式和数字序列；知道面积相等的图形周长可能不等，反之亦然；学习计算三角形和平行四边形的面积，以及正方体和长方体的体积；能基于几何图形的特征求出未知角的度数；了解圆的相关术语；会用四象限坐标图来描述位置，并能进行坐标平面内图形的平移；能画出简单平面图形的轴对称图形。六年级的孩子还要能读懂并制作饼状图和折线图，并据此解决相关问题；能够理解和计算平均值。

七年级及以后（中学）

进入中学后，基于之前对数字的理解，孩子要开始应对更为复杂的问题。他开始接触无理数，比如无法用分数表示的$\sqrt{2}$。进入中学之初，他就会被要求列方程来解题。他开始学习概率，用分数（比如，知道抛掷一枚硬币时，正面朝上的概率是$\frac{1}{2}$）或0~1之间的小数来表示某件事发生的可能性。在这之后，孩子就会开启学习三角函数、二次方程和其他更多知识的快乐之旅了。

看到这里，你可能已经发现（当然，也有可能你还没发现），孩子学习的主题在不断重复，小学是这样，中学也不例外。这除了能让孩子复习之前学过的东西，还能在每个阶段向孩子传递这样一个信息：要构建数学这门学科的知识体系。因此，学习数学并不是"7岁了——学除法——学会了——下面学什么？"这样一个简单的线性过程。

不管怎么说，给孩子提供系统、完整的教学服务是学校的责任，不是家长的责任。作为家长，你需要做的是在学校以外，培养和发展孩子的数学思维，将数学方法运用到实际生活中来。当然，最重要的是，把孩子的数学学习变成富有趣味的冒险游戏。接下来，我们在讲数学知识时并没有局限于某个特定的年级，因为书中的很多游戏和想法对不同年龄、不同水平的孩子都适用。不过，说句老实话（嘘，小点儿声），三年级教的一些东西，很多爸爸妈妈看了都觉着伤脑筋呢！

第四章　想让孩子学好数学，家长应该做与不该做的事

作为家长，你的言行举止对孩子有很大的影响。如果你希望孩子喜欢并且擅长数学（确实，二者密不可分），那么你该清楚哪些事该做、哪些事不该做。

我们在这里梳理了一系列家长该做与不该做的事。当然，每个孩子的情况不同，对这个孩子奏效的方法，对另一个孩子可能无效。

应该做的事

和孩子一起"玩"数学

如果家长只能选择一件事来做，那就是这件事了。游戏是锻炼孩子数学思维的最好方式，游戏中处处有数学。家长现在不像以前一样经常和孩子一起玩游戏了，一个原因是没时间——我们现在普遍比较忙。还有一个原因：许多刺激的电子游戏被开发出来，孩子自然更喜欢玩电子游戏。你可能问：如果有一种融入了数学学习的电子游戏，那么对家长和孩子来说岂不是双赢？如果孩子在玩游戏的同时又学习了数学，那家长就可以毫不愧疚地去做其他事情了。

不过可惜的是，即使有这么一种电子游戏，它也缺少了家长和孩子一起玩游戏时的互动。例如，在孩子掷骰子前，家长可以适时提问："如果想要赶上

我，你要掷出几点呢？"玩"大富翁"[1]时，家长可以说："你可不可以扮演大银行家，帮我把 500 元换成 100 元和 50 元面值的呢？"和孩子玩我们提到的棋盘游戏、扑克牌游戏和其他互动游戏，都是将数学的概念自然地介绍给孩子的最好方法。

让孩子获胜

如果在玩游戏时你总是赢或每次都答对，那么孩子极有可能只学到一件事，那就是你很擅长数学。孩子和我们大人是一样的，如果我们每次都输，就会想"肯定还有比这更好玩的游戏"。当然，你比任何人都了解你的孩子，因此你应当知道什么时候该让孩子赢一次，好让孩子心理平衡。但你要知道，如果每次都让孩子赢，是无法帮助他们面对失败的——何况，没有人会喜欢被宠坏了的小家伙！

当然，你也可以让孩子在与数学无关的事情上获胜，并借机引入数学概念。例如，大多数家长可能都有这样的体会：让孩子按时睡觉是多么困难的一件事。其实孩子很喜欢跟时间比赛，接下来的这种方法正是利用了这一点——"我敢打赌你在我数到……13 之前，还不能上床睡觉"。然后你可以通过调整数数的速度，来控制这场比赛的激烈程度，比如在比赛接近尾声时，你可以这样数数 "……11、$11\frac{1}{2}$、12、$12\frac{1}{2}$、$12\frac{3}{4}$、$12\frac{7}{8}$……"。这样，孩子无意中就对分数多了一些了解……哎呀，我们还真是一群"狡猾"的人呢！

①大富翁：一种多人策略图版游戏。玩家分得游戏金钱，凭运气（掷骰子）及交易策略，买地、建楼以赚取租金。英文名为 Monopoly，意为"垄断"，因为最后只有一个获胜者，其余玩家均以破产收场。——译者注

在生活中巧妙地引入数学话题

如果你的爸爸妈妈坐在你身旁说"让我们来做点儿算术题吧",你是什么感觉?对很多孩子来说,这就跟爸爸妈妈把一块煮熟的胡萝卜递过来说"把它吃掉吧,这对你有好处"一样,孩子的第一反应肯定是抗拒。家长要想办法让数学在孩子的世界里不经意出现,而不是一本正经地跟孩子一起学数学。在你从洗碗机里往外拿碗筷的时候,你可以说"啊,希望我们有足够多的碗,来应付今天的晚餐——让我们来检查一下吧"。购物的时候你可以问"面包 8 元,牛奶 3 元,加起来是多少元呢?"。(你不需要言明是在问自己还是问孩子这个问题。)在超市排队结账时,你们可以一起预估一下买这些东西要花多少钱。大概要花 10 元?谁的估算结果更接近实际费用呢?甚至当你们走路去学校,看到 23 路公交车呼啸而过时,你可以心血来潮地说"嘿,我刚刚在想,23 是个质数吗?"。像这样在生活中巧妙地引入数学,慢慢地孩子就会体会到:原来数学是可以随意谈论的一个话题,就跟天气和其他日常话题一样。

多将数学知识应用到日常生活中

牢记日常生活中的 3C——cash(金钱)、clock(时钟)和 cooking(烹饪)——定律,即与 3C 相关的事情是练习数学的绝佳机会。例如,买东西时不如试试让孩子付钱;烘焙时让孩子帮忙称量食材;给孩子一块手表,让他给你报时。有许多管用的方法能让你在这些场合轻松地引入数学。比方说,想要锻炼孩子认识钟表的能力,可以像往常一样很随意地跟孩子说:"感觉现在 11:30 了,你看看是不是。"烹饪时则是跟孩子介绍各种数学概念的理想时间,包括分数("$\frac{1}{2}$ 张比萨")、比例("食谱上原料的分量是 4 人份的,10 个人需要多少原料")和乘法("这个烤模是 3 行 4 列的,那用它可以做出几个纸杯蛋糕呢?")。

让计算过程充满刺激

怎么才能让孩子在回答"7 加 11 等于几？"这样的问题时感到兴奋？对大多数孩子来说，让计算过程充满刺激就可以了。"我敢打赌你不知道 7 加 11 等于多少"这种挑战性的提问方式就足以激起很多孩子的好胜心了。不过，你还可以再大胆一点儿。我们认识的一个爸爸就曾把他的几个孩子聚到一块儿，然后"鬼鬼祟祟"地跟他们耳语说："嘿，让我们在庞弗里先生家门前的小路上，偷偷用粉笔写下 8 的乘法口诀。"在数学学习中加入冒险元素后，孩子是非常乐意参与的。想象一下，他们在地上草草写下 4×8=32 时会"咯咯"笑个不停，赶在庞弗里先生（当然，庞弗里先生已事先知道了事情原委）当场抓到他们之前迅速跑掉。还有一个保准能成功的方法是，宣称你会做一件非常孩子气的事，比方说，把一大颗覆盆子含在嘴里喷出去，当然前提是有人能答对一道你出的算术题。有了这些刺激因素，大多数 8 岁以下的孩子都会乐于尝试。

让孩子认识到解题方法不止一种

孩子慢慢会发现，他解题时用的方法有些很费事儿，有些则很简便。你可以引导他使用你知道的有效而快捷的方法，但你不可以也不应该强迫孩子使用他压根儿不理解的方法。再者，没有哪一种方法能完美地解决所有的问题。举例来说，计算 3786+4999 时，采用口算的方法比较简便——直接转换成计算 3785+5000，而计算 3786+4568 则要用笔算的方法或用计算器来算。计算 45×99 时，用口算的方法比较简便（先算出 45×100=4500，然后减去多算的 45，因此答案是 4455），但用同样的方法计算 45×68 就比较麻烦了。

做一个"怪胎"

身为实用主义至上的成年人，我们自然知道猜火车编号、集邮、寻找质数这类事情在实际生活中看起来有多奇怪。我们的文化无时无刻不在提醒我们这些事情有多奇怪，然而事实是：我们大多数人其实都是"怪胎"，只是别人不知道而已，而孩子恰恰是最大的"怪胎"。大多数孩子都喜欢做那些容易让人着迷且重复度很高的事情，他们喜欢玩抽象的游戏，并对成年人认为无聊的东西感兴趣。大多数孩子都不认同大人对他们行为所谓的"反常"或者"奇怪"的说法。其实，在某种程度上，最让人觉得荒唐的是，这些标签就这么被强加在孩子身上。如果你说："嘿，孩子们，让我们猜猜接下来的这列火车的编号是多少吧！"孩子极有可能认为这是一件令人兴奋的事——只要你自己听起来这件事足够令人兴奋就可以。是的，你的孩子是火车爱好者。接受这个事实吧。

像演员一样，投入真情实感

"真不错，你在努力寻找答案的过程中表现得真棒！"当你这样夸赞孩子的时候，请真诚一点儿，不要敷衍。如果你对数学怀着满腔热情的话（哪怕这种态度是装出来的），孩子也会对数学兴趣大增。谁知道呢，也许你假装的时间够长后，你就真的爱上数学了——热情这种东西可是会互相传染的。

不该做的事

所谓"不该做的事"非常少，少到只有两条内容，不过它们都非常重要。

不要指望你讲解一遍孩子就懂了

不要说一遍，有可能在你讲解了 50 遍之后，孩子也弄不懂。要使他彻底理解数学概念，并内化为一种思维习惯，需要很长很长的时间。也许头一天孩子还知道 $7 \times 7 = 49$，隔天这道题再出现的时候，他就会突然认为答案是 47。这很正常。不要忘了，你也是花了很多年的时间，才达到现在的水平的（姑且不论你现在的水平如何）。

不要告诉孩子你不擅长数学

千万不要认为这有什么值得骄傲的。我们常听到成年人以近乎夸耀的口吻说"我不擅长数学"。为什么会这样呢？部分原因在于，许多成年人觉得这是事实，因为他们仍能清楚地记得数学有多难，并对数学课上答错题的场面记忆犹新。不光如此，这其实是一种防御机制：先一步宣称自己不擅长数学，就能避免别人向自己请教数学问题。不过，这种宣称自己不擅长数学的说法同时暗含了这样一层意思：看看我，我现在已经是一个成功的成年人了，那么显然，数学学得好不好没那么重要。

孩子理解了这层意思后，就会对数学不再感兴趣。这会让他形成一种非常糟糕的心理预期：他享受不到学数学的乐趣，往后的学习将充满挫折，更何况长大以后，数学对他来说半点儿用也没有。事实上，许多宣称自己不擅长数学的家长未免有点儿不够真诚，要知道，他们在规划家庭预算、制订行程、处理多项任务和玩策略游戏时，可一点儿问题都没有。

人们常说，那些宣称自己不擅长数学的人，从来不会说自己不擅长拼写或阅读。事实的确如此，不过也有部分原因是人们将广义上的"数学"一词同狭义上的"算术"混为一谈了。如果某人介绍自己是一名英语老师，你不会立马退避三舍说："天哪，我对英语拼写完全不在行！"因为你知道英语不仅包括语法、拼写等狭义上的知识，还有思想表达和想象力的培养等广义上的内容。但对数学，人们却普遍存在这样的思维定式。

受流行文化偏见的影响，学校的学习经历让我们将数学等同于难度很大的算术。事实上，数学远不止于此。它是一门富有创造性和想象力的学科，也是一门哲学性很强的学科。然而可惜的是，一方面迫于教学的压力，另一方面孩子能力各异，老师很难将数学富有创造性的一面展现出来（不过，还是有许多老师克服重重困难设法做到了）。

幸好，你的孩子可以在其他地方了解真正的数学——能让他们乐在其中且充满想象力的数学，而那正是和你们，各位爸爸妈妈在一起时可以做到的。

$+30$　$+5$　$+7$

50　　　80　85　　92

100　　　74

3 | 300 | 222

$137 + 6 = 143$

$= 522$

$+3$　　$+3$

137　　　140　　143

$\frac{16}{64} = \frac{1}{4}$

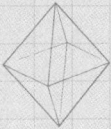

第二部分

算术与算术的
前世今生

24 | 756

240　10x
516
240　10x
276
240　10x
36
24　1x
12

22 | 739
660　30x
79
66　3x
13

$= 33 \text{余} 13$

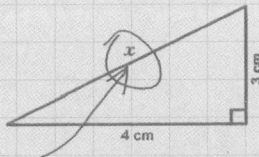

x

3 cm

4 cm

第五章　数字和位值

问：8 的一半是多少？

答：**3**。

因为 8 是由两个 3 组成的。

孩子第一次接触数学是从认数字和学数数开始的，很多孩子在正式上学之前就已经学会了这些。因此，如果你的孩子早已远远超出这个水平，你可能想跳过这一章。不过，在你这样做之前，不妨暂时停下来，了解一下我们的数字系统是多么巧妙而精密：若古罗马人或古希腊人被时光机传送到一年级的教室里，他们一定对这套"数字 1 可以代表 1 个一，1 个十甚至 1 个千"的数字系统心生敬畏。而对于数字系统中出现的小数点，以及诸如"30 是 10 的倍数"的内容，他们可能感到困惑。成年人对数字早已习以为常，但数字并没有我们想象的那么简单。因此，很多孩子在学会数数之后的很多年里仍然不太理解"位值"这个概念，也就不足为奇了。

在本章中，我们会介绍相关背景，以便家长了解计数制是如何一步步发展到今天的。同时我们将简要叙述学校现在教授数学的方式，并介绍一些能增强孩子对数字系统理解的游戏与活动——从幼儿到 10 岁大的孩子都会喜欢。

关于数字和位值，孩子的疑难点

1. 认为 6000 只比 5099 大 1。

2. 将"一百三十六"写成 10036。

3. 不理解 243 这个数字中包含了 24 个十，而不是 4 个十。

4. 认为 3.453 一定比 3.35 小，因为前者精确到了千分位。

5. 认为 0.75 比 0.203 小，因为 75 比 203 小。

十进制计数制

十进制计数制是以 10 为基础的数字系统。将 10 个东西分为一组，10 个十是 100，10 个一百是 1000，以此类推。当然，之所以以 10 为基数，是因为我们绝大多数人生来就有 10 根手指和 10 根脚趾。

我们对以 10 为基数的计数制如此熟悉，甚至熟悉到了习惯成自然的地步——以为数字本来就是这个样子的。但实际上，我们所熟悉的"位值"的概念——数字在个位、十位、百位等位数上的"位置值"，及其在金钱和测量方面的应用，仅有几百年的历史。孩子只有花许多年的时间"破译了书写符号"后才能成长为熟练的阅读者，同样他们也需要相当长的时间来熟悉人类发明的数字系统（包括说、读、写）。

在许多个世纪以前，这种以 10 为基数的计数法就曾应用于算盘上，且已发展得相当成熟。早期的算盘由黏土制成，一个凹槽里最多可以放 9 颗小石子。一旦石子数量达到10，这10颗石子就会被一颗放在下一个凹槽中的石子取代；而当下一个凹槽中石子数量达到10同样会被再下一个凹槽中的一颗石子取代。这样就没有记录任何计算过程的必要了——这些小石子会帮你记录。人们用不同的符号来表示更大的数字，比如，在罗马数字系统中，X 表示 10，C 表示 100。

这些罗马数字中没有 0。毕竟，如果算盘某一列凹槽里没有小石子，那么就没有必要记录空位。对罗马人来说，"CCCV"就代表305——因为没有 X 这个符号，自然也就说明十位上没有数。

罗马数字系统

I	1
V	5
X	10
L	50
C	100
D	500
M	1000

罗马数字系统完全基于上面这 7 个字母。你应该已经注意到了，这些字母分别表示 1、10、100 和 1000（依次对应十进制中的计数单位个、十、百、千），以及 10、100 和 1000 的一半，即 5、50 和 500。对 4000 及以上的数字，在相应数字上方加一横来代表"增值千倍"，因此，$\bar{X}$ 表示的就是 10000。在罗马数字系统中，I、X 和 C 不仅仅用来表示 1、10 和 100。当 I、X 和 C 放

在大的数字的左边时，分别表示减 1、减 10 和减 100。举例来说，IX 就代表 10-1，即 9；CD 就代表 500-100，即 400。作为一种传统的数字，罗马数字现在常被用来表示日期。它们会出现在电视节目片尾的滚动字幕中，来表示摄制年份，这时你就要快速"破译"这些字母了。

测一测

i）你会在伦敦哪座纪念碑上看到罗马数字 MDCLXVI（字母按其代表数字的大小降序排列）？为什么？

位值的由来

现在通行的阿拉伯数字系统改变了我们的计数方式。同一个数字符号，比如 3，既可以用于表示三、三十，也可以用于表示三百、三百万，甚至更大的数。也就是说，一个数字符号的含义，不仅取决于这个数字本身，还取决于它所处的位置。因此，当算盘上表示"百位"的凹槽里有 3 颗小石子，表示"个位"的凹槽里有 5 颗小石子，而表示"十位"的凹槽里是空的时，人们就会将该数字记为 3 5。但是 3 和 5 之间的空隙该如何处理呢？怎么才能让其他人明白，在十位上留出空隙是特意为之，而不是字迹潦草造成的呢？也许见到的人还会想：只有十位上没有数值吗？会不会百位上也是空的，这里的 3 其实代表的是三千呢？所有这些问题都随着 0 的发明而得到解决。在 3 和 5 之间插入 0 这一数字后，3 5 就变成 305。这样，相应的数位都有了数字，此时，这里的 3 所代表的数值就确定下来了，即 300。位值制也就由此产生。

在印刷机发明之后，位值制才真正发展起来。随着纸张变得便宜，人们开始抛弃旧式计算工具——算盘，转而采用全新的工具——纸和笔来计算。一些历史学家表示，不少人将这一转变视为人类的"低能化"，当时所引发的争议不亚于如今人们用计算器替代纸笔时所引发的争议。想来，在过去"如果你的羽毛笔折断了怎么办？"所表达的含义与今天"如果计算器没电了怎么办？"所表达的含义大致相当。事实上，直到今天，在世界上的一些地方，算盘仍然是更受青睐的计算工具。在日本，人们使用一种特定样式的算盘——索罗板[1]，熟练使用索罗板的人，其计算速度比使用纸笔更快，准确率也更高。

要想深入探究我们认为理所当然存在的位值制计数法，不妨先思考一个问题：如果人类只有 8 根手指，而非 10 根手指，那我们该如何计数呢？

如果人的手指不是 10 根，数学会是什么样？

十进制最大化地利用了我们所拥有的天然计算工具——10 根手指。如果所数数字超过 10，我们就需要再次掰着手指计数。例如，想要计算并确认我们有多少个东西，我们用上了全部手指，之后又从头数了 2 根手指，那么我们就可以记下"12"这个数字。写下数字 12 对孩子来说其实是往前迈出了一大步，因为在这里，孩子需要理解 12 中数字 1 所代表的含义，即"1 个十"。对家长来说，用不熟悉的计数体系从零开始学习位值制，有助于深入了解孩子的思维，并体会他们在算术上所面临的困难。想象一下，如果我们没有 10 根手指，数学会是什么样的。如果人类只有 8 根手指，就像巴特·辛普森[2]或米老鼠一样，那么该

[1]索罗板：英文名称为 Soroban，由日本人将中国算盘改进而来——算珠由圆形改成菱形，梁上两珠变为一珠，整体一般狭而长。——译者注
[2]巴特·辛普森：Bart Simpson，美国动画片《辛普森一家》（*The Simpsons*）中的角色，是辛普森家的一员。——译者注

怎样计数呢？我们的计数将变成：1、2、3、4、5、6、7、10、11、12……

这种以 8 为单位的计数法，被称为**八进制**。应当注意的是，这个计数制中从未出现数字 8。在八进制中，10 并不代表十，它代表 1 个八加 0 个零。因此，在 8 根手指的世界里（八进制），12 代表 1 个八加 2 个一，也就是我们十进制里的 10。

测一测

ⅱ）你能算出八进制里的 124 在十进制里是多少吗？

发挥你的想象力，想象一下不同手指数的人都是如何计数的。想象一个只有两根手指的外星人，他永远不会用到数字 2。前 3 个数字会是 1、10、11，那之后呢？这些外星人数数时不会用到 2，因此 11 的后面是 100，接着是 101、110、111、1000（这里的 1000 代表的是十进制里的 8）。这种以 2 为单位的计数法，被称为**二进制**。

目前，我们使用最多的还是十进制，因此学习其他进制就没有太大必要了。不过，了解各个进制的原理，能帮助我们深入理解被我们视为理所当然存在的十进制。同时，对任何想要了解计算机工作原理的人来说，了解二进制是很重要的。

游戏 数到二十就算输

数数游戏是一种十分受欢迎的游戏，小到 5 岁的孩子，大到青少年甚至成年人，都能从中得到乐趣。虽然这种游戏有不同的版本和玩法，但最原始的版本叫作"数到二十就算输"。两个玩家从 1 开始按顺序轮流数数到 20，每个玩家可以数 1 个、2 个或 3 个数字，最后不得不说出数字 20 的玩家就输了。因此，一场游戏可能像下面这样。

阿里：1、2。

杰克：3。

阿里：4、5、6。

杰克：7、8。

阿里：9、10、11。

杰克：12、13、14。

阿里：15、16。

杰克：（兴奋地笑着）17、18、19！

阿里：啊呀——20。

孩子肯定会反复地玩这个游戏，以便找出最优策略。他们很快就会明白：游戏的关键在于自己先说出数字 19，因为这样一来，对手就只能说出 20 了。但如何保证自己先说出 19 呢？答案就是你要先说出 15。在你说出 15 之后，无论对手怎么说（16 或 16、17 或 16、17、18），你都可以在下一回合说出 19。

事实上，想在这个游戏中获胜，有一个方法——你必须抢先说出 3、7、11、15 和 19 这几个数字。

1 2 ③ 4 5 6 ⑦ 8 9 10 ⑪ 12 13 14 ⑮ 16 17 18 ⑲ 20

为了保证赢得游戏，你需要先数到 3。如果你先报数，那就很容易了，直接说 1、2、3 就可以了；如果对手先报数，那你只能祈祷他不会在第一回合就数到 3 了。然后，你需要在接下来的几个回合中，数到 7、11、15 和 19。

从表面上来看，这只是个数数游戏，可实际上它复杂得多，因为你需要找出游戏中的数字规律。

当然，你也可以改变游戏规则，将这个游戏变成一项新的挑战。例如，如果将目标数字改为 25 呢？如果允许每个玩家最多可以说 4 个数字呢？如果有 3 个玩家呢？

按群组计数的挑战

在我们详细探讨较大数字的计算之前，让我们花点儿时间考虑一下：年龄较小的孩子在学习数数时，会遇到哪些困难。

孩子要先学习 1、2、3 等数字。虽然对成年人来说，这再简单不过，但孩子们需要学习将这些数字按一定的顺序说出，而不能像给床头的泰迪熊起名字一样随意。许多传统的英文儿歌，如"One，two，buckle my shoe"（1、2，扣好我的鞋子）和"One，two，three，four，five，once I caught a fish alive"（1、2、3、4、5，我捉到一条鱼），都是用来帮助孩子学数数的。

孩子最初对数字的认知通常是将其视为"形容词"或"名词"而不是"数词"。一般而言，对很小的孩子来说，"我 4 岁"跟"我很漂亮""我是萨利"或"我是个男孩"没什么区别。门牌号、手机上的数字键、电视频道——孩子被数字包围着，但他们却并不认为数字和数量之间有什么关系。作为家长，你要帮孩子建立这种联系，不过你需要下一番功夫。例如，你拿出 6 颗糖，和一个 3 岁的孩子一起数一遍，然后让他拿出 3 颗给你。他一般不会拿 3 颗给你，而是会将数到的第三颗糖给你。当你说"6"时，孩子会数"1、2、3、4、5、6"，然后仅指向他数到"6"的那一颗糖。通过练习，孩子慢慢会领悟到你所说的"6"可能指的是集合的总数，即所有的 6 颗糖，而不是最后数到的那颗。对孩子来说，这种领悟是很大的进步。这时，孩子就已经跨过了协调 3 件事的难关：嘴里说出下一个数字的同时，手刚好指到下一颗糖；确保没有漏掉任何一颗糖或任何一个数字；确保没有将同一颗糖数两次。学习数数最好用生活中的实物，而不要用图片——以便在数的过程中将数过的物品移到一边，避免数两次。

　　现在假设你是个孩子，刚刚对这个数数的游戏有点儿信心，而且可以伸出手指头从 1 数到 10，这让大人们很高兴。可这时偏偏有个人在你数完后朝你走过来，将你的 10 根手指头又称为数字 1，你该有多震惊！对古罗马的孩子来说，理解起来就没这么困难了，因为他们有一个不同的符号 X 来代表 10。

　　当孩子开始接触金钱时，也会遇到同样的困难。为什么一枚比 1 便士硬币还要小的 5 便士硬币，它的价值却会等同于 5 枚 1 便士硬币呢？如果要这些孩子选择的话，他们肯定会选择 5 枚 1 便士硬币。

　　与收集、分组、交换和命名有关的游戏和活动，对孩子理解按群组计数的规则很有帮助。你可以自创几个简易骰子游戏。例如，你可以跟孩子一起玩攒硬币的游戏，每攒 5 枚 1 角钱硬币，就将它们换成一枚 5 角钱的硬币。也可以收集各种颜色的筹码——每收集到 10 个红色筹码，就将它们换成一个蓝色筹码；每收集到 10 个蓝色筹码，就将它们换成一个黄色筹码。你可以和孩子谈论这些筹码："你看，我现在有 2 个蓝色筹码和 3 个红色筹码，如果我把它们全部换成红色筹码，那我会有多少个筹码呢？"

小提示

跟孩子外出时，你可以找机会跟孩子谈论一组东西的数量。你们可以谈谈超市里的多盒装食品——"如果我们买 2 包 6 罐装的可乐，那么一共是多少罐？橙汁是一包 4 盒装的，这星期我们需要 12 盒，那我们要买几包呢？"

数字的古怪命名

按位值数数的第二大障碍就是我们的语言——英语。坦白讲，这真是一团糟！16 和 17 是 "sixteen" 和 "seventeen"，而 11 和 12 却是 "eleven" 和 "twelve"，而不是 "one-teen" 和 "two-teen"。既然 65 和 78 是 "sixty-five" 和 "seventy-eight"，那 23 为什么不是 "two-ty three" 而是 "twenty-three"，36 为什么不是 "three-ty six" 而是 "thirty-six" 呢？中国人在数字命名上就比较符合逻辑。他们将 13 叫作 "十三"，将 36 叫作 "三十六"。"16+13" 用中式表达要比用英式表达更容易，中式表达法为：十六加十三等于二十九，英式表达法为：sixteen plus thirteen is twenty-nine。有些人认为，那些用中式方法学习数字的孩子，他们在基础数学的理解方面占得了先机。

不过，英国人还是应该感到庆幸，毕竟英语不像法语那样古怪。在法语中，60（soixante）以下的整十数的命名很合乎逻辑，可突然从 70 开始发生改变，改为 "六十加十"（soixante-dix），80 为 "四个二十"（quatre-vingts），90 为 "四个二十再加十"（quatre-vingt-dix）。

当我们按照英文发音书写数字的时候，事情会变得更糟。我们说 "sixty-seven"，然后写下 "67"，这很合理，数字的顺序同我们听到的顺序一致。但当我们说"seventeen",然后写下"17"的时候——数字的书写顺序和读音顺序正好相反。听到"sixteen"(16)而写出"61"的孩子,并不是简单地弄错了,他们只是试图将数字的听、说同写联系起来。而数字 11 和 12 相对应的英文"eleven"和"twelve",并没有提供任何有关这两个数字该怎么写的线索。

面对整百数,孩子往往会陷入更多的陷阱。"seventy-three"(七十三)由两个单词组成——"seventy"(七十)和"three"(三),该数字记为"73"。但是,对于"four hundred and seventy-three"(四百七十三)这个数,当孩子听到 hundred(百)这个词时,可能会误将这个数写成 40073,而不是 473。

游戏 很讨喜与太讨厌

很讨喜与太讨厌(nice or nasty)是一个非常棒的游戏,这个游戏需要孩子对三位数和四位数有一定的认知,并能使用最恰当的策略来让自己获胜。你需要准备:一副拿掉大王、小王和 J、Q、K 的扑克牌,纸和笔。在游戏中,A 当作数字 1。

每个玩家需各自在纸上并排画出 3 个长方形,并使每个长方形比一张扑克牌大一点儿。

先定好规则：是得到最大数字的玩家获胜还是得到最小数字的玩家获胜。洗牌后，将牌面朝下放成一摞。所有玩家轮流拿牌，然后将其放入自己的长方形内。当所有玩家都在自己的长方形内放够 3 张牌后，从左到右依次将牌面数字读出——2、5、9 即为"二百五十九"。按照预先定好的规则，得到最大或最小数字的玩家为获胜者。

以上是这个游戏的"讨喜"版。而"讨厌"版的规则是：你可以选择将拿到的牌放在自己或对手的长方形内。如果全家都参与的话，比如说，你的目标是赢 5 盘游戏，那在你阻挠他人获胜的时候，就要用到很多策略了。你也可以按四位数的方式来玩这个游戏。

这个游戏的策略很有意思。如果你玩的是"讨喜"版，且目标是得到最大的数字，那么当你翻到一张 1，要把它放在哪儿呢？因为 1 是个很小的数字，所以你应该把它放在最右边的长方形里。那如果你翻到的是像 5 这样属于中间数的牌呢？这就很棘手了——你会为稳妥起见，让它做第一位数吗？还是赌下次会翻到更大的牌呢？

在游戏中学习大数

如果孩子对于位值制计数法的理解存在一定的困难，那么你还可以做些什么来帮助孩子呢？以游戏的方式跟孩子一起探索更大的数便是一种方法。人们倾向于认为，孩子学习数字的逻辑顺序应该是由小到大：先学 1~10，再学 11~20，然后学 21~30，以此类推。实际上当孩子学到更大数字时，他会意识到数字系统是有规律可循的，就能看到位值制的全貌。跟孩子一起散步的时候，你不妨提出类似这样的建议："我们来数数，就从 60 开始吧！"或"我们来数数，就从 75 开始吧，我们轮流说出下一个数字。"用游戏的方式跟孩子建议："让我们从 40 开始数数吧！只数整十数。50、60、70、80。下一个是多少呢？ 90。"如果你的孩子认为90 之后应该是十十，那你应该感到高兴，因为从逻辑上来讲，确实是这样的。

在游戏中学习非常大的数也是很好的方法。在英文中，我们将大数的每三位数字分成一组，这也正是我们读取这个数的方法。想想你怎么读这个数字：876 452 781。

听听这个数字的英文读法：eight hundred and seventy-six million, four hundred and fifty-two thousand, seven hundred and eighty-one。① 拆解开来即是：876 个百万，452 个千，781 个一。三位一分割的节奏开始变得清晰。个、十、百是命名大数字会用到的基本单位。

游戏　　看看谁先获得 100 分

这是另一个让孩子熟悉位值制计数法的游戏。你需要准备：一个骰子、纸和笔。

游戏规则是：先赢得 100 分者获胜。

轮流掷骰子。你可以将所掷点数作为你的分数，也可以将该点数的 10 倍作为你的分数。比方说，如果你掷出的点数为 4，那么可以记为 4 分或 40 分。累积分数，先得到 100 分的人就是赢家。谨记：要使总分数正好等于 100 分而不要超过 100 分。

---

① eight hundred and seventy-six million, four hundred and fifty-two thousand, seven hundred and eighty-one：中文和英文的数字划分习惯和读法不同。英文以 3 个数字为一个间隔来读取数字，以 "thousand"（千）、"million"（百万）、"billion"（十亿）等为单位念出。而中国的计数习惯是 4 位一分割，以个、万、亿等为单位念出。876 452 781 这个数字，中文念成：八亿七千六百四十五万两千七百八十一。——译者注

迈克			罗伯		
骰子点数	分数	总分	骰子点数	分数	总分
3	30	30	5	50	50
4	40	70	6	6	56
4	4	74	2	20	76
5	5	79	1	10	86
2	20	99	4	4	90
3	0	99	2	2	92
1	1	100			
迈克获胜					

这个游戏还有另外一种玩法，就是从 100 开始，然后减去相应的分数，最先得 0 分者获胜。

孩子的小脑瓜，到底都在想些啥？

这里有一道很典型的题目，你可以考考孩子，来检验他对位值的理解。

请将以下数字按从大到小顺序依次写出。

901   1001   910   99   109   190   999

下面是一个孩子的答案：

999 99 910 901 190 109 1001

你能看出她为什么会得出这个答案吗？

这个孩子只关注每个数位上的数字本身值的大小，而忽略了这些数字的"位置值"——她想的是，"999 有这么多 9，那肯定比 1001 大。"

当你的孩子开始习惯位值的时候，你可以将数字写在带有表头的表格里，这有助于孩子理解。1001 和 999 就可以按如下的方式写。

千	百	十	个
1	0	0	1
	9	9	9

偶数和奇数

孩子对数数有了信心之后，他们便会发现数字的一些规律。其中最简单的一个规律就是偶数和奇数。年仅 4 岁的孩子也能理解偶数和奇数。走在街上的时候，你可以告诉孩子，门牌号不是按"正常"的顺序排列的。街道一边房子的门牌号是 2、4、6、8、10……而另一边是 1、3、5、7、9……孩子很快就会明白其中的规律，这时，你就可以问："那下一栋房子的门牌号应该是多少呢？"他们就会在前一个数的基础上加 2。

为了让孩子深深地记住偶数，你可以改编那句常用来给足球队加油打气的口号："2、4、6、8——我们支持谁？偶数！还有呢？莫忘 0！"(Two Four Six Eight－who do we appreciate? EVEN NUMBERS! And don't forget ZERO.) 只需要 10 秒，你就可以把这句口号教给孩子。很快他们就会一遍又一遍不厌其烦地说给你听了。如果你能用唱歌的方式唱出最后的"还有呢？莫忘 0！"，相信他们会更喜欢的。

游戏　数字卡片：偶数和奇数的奥秘

找 5 张明信片大小的空白卡片，用黑笔在 5 张卡片上分别写下 0、2、4、6、8。然后用红笔在写有 0 的卡片背面写上 1，在写有 2 的卡片背面写上 3，在剩余 3 张卡片的背面依次写上 5、7、9。把这 5 张卡片平放在桌上，你转过身去，让孩子依喜好将这些卡片翻面——他可以随意决定翻几张卡片，可以只翻 1 张，也可以将 5 张全部翻过来。他还可以选择要看哪些卡片上的数字。现在，桌子上的卡片中，朝上的数字既有用红笔写的，也有用黑笔写的，你不知道这两种卡片各有几张。

你现在要宣布：虽然你不知道哪些数字朝上（因为你仍然背对着桌子），不过你还是能够计算出这些数字相加等于多少。孩子只需要告诉你，孩子能看到几个红色数字。假设他说看到 2 个红色数字，这时你就要假装做一些关于红色和黑色数字的复杂计算，然后宣布总数是 22。接着，转过身来，和你的孩子一起把这些数字加起来，当然了，总和肯定是 22。

秘诀很简单：只要孩子告诉你看到了几个红色数字，你只需要用 20 加上那个数，就能得出答案了。

为什么这样就能得到正确答案呢？假设所有卡片都是黑色数字朝上，那它们相加就等于 20。如果你将一张卡片翻面，那么总和将增加 1，因为有张卡片上红色数字（奇数）比黑色数字大 1。因此，如果有 3 张卡片是红色数字朝上的，那么总和就肯定是 20+3，即 23。

倒着数

只有当孩子能像正着数数一样，可以流利地倒着数数时，他才算真正学会了数数。火箭发射的倒计时口令，对于孩子学习倒数有很大帮助。老动画片《雷鸟神机队》[①]（*Thunderbirds*）就能派上用场：5、4、3、2、1，雷鸟神机队，出动！

如果你的孩子已经知道自己有 10 根手指，那么你可以和他玩一个倒着数数的小游戏，逗逗他。

"你知道我有 11 根手指吗？"

孩子会一脸好奇地检查你的手。

"不，你只有 10 根手指！"

"那我证明给你看！首先，我的左手有……（依次指着左手手指）10、9、8、7、6 根手指（说出 6 的时候握着左手小指）。这是 6 根手指了。再加上右手的 5 根手指，6 加 5 等于 11。"

孩子一时可能感到困惑，不过用不了多久，他就会兴高采烈地跑来揭发你——你其实只有 10 根手指。

游戏　颜色预测魔术

这个游戏非常适合用来让年幼的孩子学习数数。对年龄较大一些的孩子来说，它也是个非常不错的游戏——挑战在于，大孩子需要弄懂游戏背后的原理。你可以先在一张纸上悄悄写下"橙色"这两个字，然后把这张纸反面朝上，放在大家都能看到的地方；接着将下面这张形似巨大的数字 9 的图拿给孩子看，并告诉孩子，可以把它想象成一个由写有各种颜色名称的小圆圈组成的大圆圈，只是下面多了一个尾巴。

---

① 《雷鸟神机队》：20 世纪 60 年代上映的英国动画片，讲述的是一支名为"雷鸟"的太空救援队，利用火箭等运输工具，凭借智慧和勇气帮助无数人脱离险境的故事。——译者注

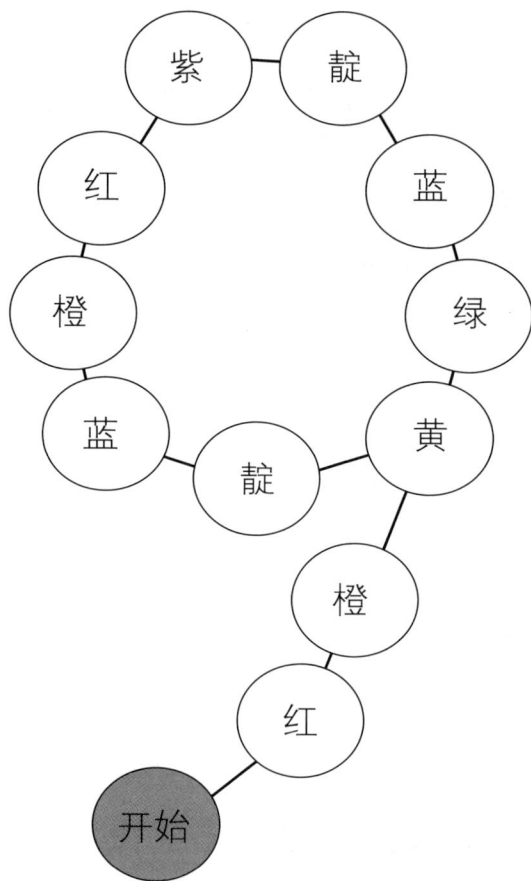

（1）从写有"开始"的那个小圆圈开始。

（2）让孩子选择一个比 2 大、比 10 小的数。

（3）按照彩虹从外至内的 7 种颜色的顺序（逆时针）数数，即：1 是红，2 是橙，3 是黄，4 是绿……然后停在他选择的那个数字对应的小圆圈上。

（4）现在，从那个小圆圈开始，按顺时针方向绕着大圆圈数数，从 1 开始数到刚才孩子心里选的那个数字。

最后，孩子一定会停在大圆圈中写有"橙"的小圆圈上。

这个游戏同样适用于 10 以上的数，不过如果是 12 以上的数，你需要在这个大圆圈里绕一圈以上。而对于像 50 这样的大数，非常大声地快速数两遍——最后停在橙色上，会有很好的游戏效果。

这类游戏具有双重价值。它不仅让孩子学习了数数，还涉及一个更深层次的问题，即：为什么每次都是同一个答案？探索这个问题的过程是非常有趣的。

你能想到的最大的数

你能想到的最大的数是多少？ 18？ 94？ 100？ 1000？ 最大的数是多少呢？还有没有比它更大的数呢？孩子很喜欢玩这个游戏。部分原因在于，大数字听起来有点儿怪。millon（百万），billon（十亿），trillion（万亿）……squillions（无穷大）。和孩子谈论大数是学习位值的另一种好方法，因为在位值制计数法中，零的数量是非常重要的。

想象 100 万个东西有多少是非常困难的。甚至对大多数孩子来说，1000 都是很大的数。你可以引用新闻里的大数——比方说，足球运动员的转会费，来激发孩子的想象力。新闻里可能有类似报道："C罗[①]的转会费高达 8000 万英镑。"你就可以问孩子："嘿，如果每星期你的零花钱是 10 英镑，那从现在开始，你要攒多久的零花钱才能买下 C 罗呢？"

你可能会很震惊，因为大多数孩子以为一年的零用钱应该就够了。"错！"你说。"10 年？""100 年？"他们越来越兴奋地问道。

①C 罗：葡萄牙足球运动员克里斯蒂亚诺·罗纳尔多（Cristiano Ronaldo），简称"C 罗"。
——译者注

正确答案实际上是 16 万年。不过，这个数字对大多数孩子来说都很难想象。因此，你应该解释一下，16 万年前是在上一次冰期开始之前，那时尼安德特人仍漫游于欧洲的各个角落。想象一下，这些穴居人可能想："你知道吗，我想在 16 万年后，让 C 罗加入我的球队，那么从现在开始，如果我每周攒 10 张长毛象皮，到那时候，我就能买下他了。"这确实会让人陷入思考：这些球员真的值这么多钱吗？

"100 万"和"10 亿"的差别

请站在你家最大的一个房间的墙角。现在想象这个房间的宽度代表"10 亿"。那么"100 万"应该在哪个位置呢？由于"100 万"是个很大的数，那么很自然地，孩子会认为它离墙角有很远的一段距离。但假设你的房间宽 5 米，"100 万"实际上离墙角仅有 5 毫米。与"10 亿"相比，"100 万"简直微不足道；而与"1 万亿"相比，"10 亿"又微不足道。报纸上充斥着"100 万""10 亿"和"1 万亿"这些听起来很大的数，但如果能让孩子发展出这样一种认知，那就是"大、很大和超级大，三者之间有很大的区别"，对孩子而言是很有益处的。

100 万（Million）	1 000 000
10 亿（Billion）	1 000 000 000
1 万亿（Trillion）	1 000 000 000 000
1000 万亿（Quadrillion）	1 000 000 000 000 000
……	……

在数到了超级大数之后，我们抵达了"无穷大"，直到有人说"无穷大加 1"。不过，"无穷大加 1"到底是多少呢？

小数

数字可以变得无限大，同样，它们也可以变得无限小。

我们已经知道，我们的十进制通过将 10 作为运算单位，实现了计数的功能。对相邻的两个数字而言，左边的计数单位代表的数值是右边的 10 倍（100 是 10 的 10 倍，1000 是 100 的 10 倍，以此类推）。这种模式反过来也成立：右边的计数单位代表的数值是左边的 $\frac{1}{10}$（100 是 1000 的 $\frac{1}{10}$，1 是 10 的 $\frac{1}{10}$）。

我们可以继续将 1 平均分成 10 份，每份就是 $\frac{1}{10}$。将 $\frac{1}{10}$ 再十等分，就得到 $\frac{1}{100}$。我们将这些更小的数字称为"小数"（decimal）。它与"decimate"这个单词有关，这个词的本义是"取 $\frac{1}{10}$"。（古罗马人有一种残酷的惩罚，称为"十一抽杀律"，如果军队中有士兵犯了错，同一部队的士兵们会按 10 人一组进行抽签，随机处死 1 人。）

当小数这个概念被提出后，数学家便面临一个问题，那就是如何记录这些新数字。我们可以直接写成（$93\frac{5}{10}$，$\frac{8}{100}$），但有人提出了更好的办法，那就是用一个点来表示整数结束、小数开始的位置，比如，93.58。小数的位数可以一直延续下去：

个位	十分位	百分位	千分位……
3	5	8	4

数字可以变得无穷大，同样，它们也可以变得无穷小。

孩子的小脑瓜，到底都在想些啥？

孩子学习小数时，有两种情况需要特别注意。

第一种情况是，孩子会将他们在比较整数时发现的规律过度泛化到小数上。例如，在比较 11111 和 9999 时，孩子知道，即使 11111 看起来有很多个 1，似乎比 9999 小，但实际上 11111 比 9999 大。因为前者是五位数，而后者是四位数——无论各个数位上的数值是几，一个数的位数越多，它就越大。如果有两种薪资水平供我们选择，一种是四位数，另一种是三位数，虽然我们不知道实际薪资到底是多少，但我们知道四位数的薪资肯定比三位数的要多。

现在，孩子发现，有些小数的位数越多时，其数值就越小：0.03 比 0.3 小，而 0.003 又比 0.03 小。这时可能就会出现过度泛化的情况了。孩子认为，正如"整数位数越多，数值越大"一样，一个小数位数越多，它的值肯定也就越小。那么 0.125 肯定比 0.8 小，因为 0.125 有千分位，而 0.8 只有十分位。要注意，解释性的语言也会造成孩子的这种混淆：一个有千位数（thousands）的数一定比只有十位数（tens）的数大，而千分位（thousandths）和十分位（tenths）听起来很像千位数和十位数。

0.125 确实比 0.8 小，但孩子的推理过程是错的。你可以通过跟孩子谈论小数部分每个数字的位值，而不是看位数多少，来帮助孩子理解：0.8 有 8 个十分之一，而 0.125 只有 1 个十分之一——这样比较就好，其余的数位不用看。

另一种情况是，孩子用和读取整数一样的方式，来读取小数点后的数字——将 0.125 读作"零点一百二十五"，将 0.85 读作"零点八十五"，这就使 0.125 听起来比 0.85 大。只可惜我们的十进制货币体系中，货币的读法就是这样，这也导致孩子容易混淆：我们将 3.25 英镑读作"三英镑二十五便士"，而不是"三点二五英镑"。因此，当你在金钱以外的情境中碰到小数时，记得要依次读出小数部分每一个数位上的数字。

第六章　加法和减法：口算

哈里在存 5 角钱的硬币，

总共存了 8 元钱，

那他现在有多少枚硬币呢？ **16**

请在方框里说明你是如何算出答案的。

加法和减法是数学的两大基石，可能爸爸妈妈们会在其中碰到不熟悉的概念和表达，比如数轴。

孩子如今学习加减法的方法，与之前相比最大的不同也许在于：现在孩子会先学习口算，再学习笔算。本章将解释这种变化产生的原因。

与加法相比，孩子在减法上遇到的问题更多。大多数家长往往认为，减法只是加法的逆运算。但实际上，因为减法有很多不同的含义，它比加法要复杂。它可以用"从一堆东西中拿走一部分""求两数相差多少"来表示，甚至可以用加法来表示。例如，如果你有 201 颗七叶树果实，拿走 196 颗，还剩多少颗？孩子可能认为这是一道难算的减法，而成年人更倾向于把它看作一道加法：196加上多少才能得到 201 呢？……简单，5！由于减法和加法通常被看作一回事，因此在本章及下一章中，我们将二者结合起来谈。本章探讨了口算变得比以前重要的原因，它与其他数学速算法的区别，以及如何帮助孩子培养口算能力。在下一章，我们将重点探讨不能简单以口算技巧计算的加减法，以及孩子目前普遍学习的笔算技巧。

关于口算加减法，孩子的疑难点

1. 往前或往后一个一个地数来做加法或减法，而不是使用更简便的方法。例如，计算 17+9 时，他们会数 18、19、20……而不是用更快速的方法，先加 10 再减 1。

2. 直接笔算，而不是多思考一下，找出更为简单的口算方法，比如计算"245+299"或"4003-2996"时。

3. 认为减法只是"拿走一部分东西"，没意识到它可以用于"求两数相差多少"，比如，我比弟弟高多少？

4. 认为无法用一个较小的数字减去一个较大的数字，因此 7-11 这样的算式是不成立的。（谢天谢地，银行不这么认为）。

谜题 ▷ 高斯的巧妙捷径

很久很久以前，有一个名叫卡尔·弗里德里希·高斯[①]（Carl Friedrich Gauss）的 8 岁小男孩。他的老师比较自私，有一次想在课堂上偷懒，就给学生们出了这样一道大型计算题：

$$1+2+3+4+5+\cdots+100$$

"这应该能让他们算将近一节课了吧！"这位老师思量着。他预计学生们需要进行大量计算才能得到答案。但不到一分钟，高斯就举手说道："老师，我算出答案了。"高斯找到了一个最巧妙的解题方法，我们会在本章末尾揭晓答案。如果你想知道他是怎样如此迅速地找到答案的，这里有一个提示：你先从 1 写到 100，然后在这些数字下面以相反的顺序从 100 写到 1，会发现什么呢？

高斯后来成了一位著名的数学家。我们并不是说许多孩子会和高斯一样，在很小的时候就显露出数学天赋。不过，我们确实希望孩子问自己这个问题："有没有一种快速且有效的方法来做这道计算题呢？"，而不只是满足于采用"传统"的方法解题。许多加法和减法计算，即使是很棘手的大数，也可以用口算的方法快速、准确地求出答案。

[①]卡尔·弗里德里希·高斯：德国数学家、物理学家、天文学家，被誉为历史上最伟大的数学家之一。——译者注

口算好还是笔算好？

如果问一个六七岁的小男孩："如果一个宝宝是 1998 年出生的，那他在 2001 年过生日的时候是几岁呢？"他会毫不犹豫地回答说："3 岁。"

随后，当让这个小孩计算"2001−1998"的时候，他突然失去了对这个问题的常识理解，思维也进入了"自动驾驶"[①]模式。以下是他的计算：

$$
\begin{array}{r}
2001 \\
-\ 1998 \\
\hline
1997
\end{array}
$$

他算出了相同数位上两个数字的差，并写了下来。列竖式计算的一个问题就是，这种方法关注的是构成一个"数"（number）的各个"数字"（digit），而不是这个整体的"数"本身。这就意味着孩子不会从如何得到一个合理答案的角度来思考如何计算一道题。

我们这里说的口算和 20 世纪五六十年代的口算不一样。在那个年代，全班的学生都顶着一股压力，需要做好准备回答连珠炮似的问题。如果你比别人反应慢半拍，往往会感到很羞愧。

口算的过程其实是这样的：观察计算中涉及的数字，进而找出合理的计算方法。在做任何计算之前，你应该鼓励孩子多问问自己："我可以先在脑子里想出答案吗？"

例如，2734 + 3562 的答案是多少？

这道题中的数不是非常"友好"，因此，拿出纸笔列个竖式实际上是个明智的选择。

那么，3998 + 4997 呢？

---

①自动驾驶：英文名称为"Autopilot"，为航空术语，心理学家用这个词来形容人的惯性思维模式和行为模式。——译者注

乍一看，这道题和第一道题非常像。但在列竖式之前，只需稍加留意你就会发现，这个算式中的两个数都接近 1000 的倍数：3998 接近 4000，而 4997 接近 5000。口算 4000 + 5000 很容易，答案是 9000。这时，只需要对答案稍做调整：9000 比实际答案多出了 5，其中多出的 2 来自 3998，3 来自 4997。因此，答案一定是 8995。虽然口算的过程写出来有点儿冗长，听起来略微啰唆，但实际上这样解题确实很快，比笔算快，并且不易出错。

━━━━━━━━━ 测一测 ━━━━━━━━━

ⅰ）口算快还是笔算快？

下面的算式哪些用口算算得快？哪些用笔算算得快？

a. 152+148

b. 300−148

c. 843−677

d. 843−698

e. 4997+5003

f. 6002−3999

加减法启蒙

在探讨如何帮助孩子学习上面提及的口算方法之前，让我们先来熟悉一下启蒙阶段的孩子如何学习加减法。

对我们大多数成年人来说，学习加减法是很久以前的事了，以至于我们早已忘了当初花了多长的时间才学会。通常来说，4 岁的孩子就能告诉你，2 根香蕉加上 3 根香蕉是 5 根香蕉，2 块长条木板加上 3 块长条木板是 5 块长条木板，虽然他们并不知道长条木板是什么东西。但如果你问他们"3 加 2 等于多少？"他们会茫然地看着你——这个问题太抽象了。在一份有趣的调查中，当被问到 3 加 2 等于多少时，一个 4 岁小孩回答道："不知道，我还没开始上学呢！"

当孩子开始上学后，他们就会学习用抽象的方式做加减法，如：3+5、7-4 等，老师和孩子将这些称为"算式"。这是孩子踏上口算之旅的第一步。口算在今天的小学数学中的重要性，比以前要大得多。

游戏是孩子学习加减法的绝妙方式。任何用到两个骰子的棋盘游戏，都能随机考察孩子计算 1~6 任意两个数字之和的能力。你可以把蛇梯棋①这样的经典游戏改成用两个骰子来玩。对年龄较小、初学算术的孩子来说，还有一个好方法：家长可以将其中一个骰子的正常点数用黏性强的标签盖住，在骰子的 3 个面各点一个点，另外 3 个面各点两个点，掷正常骰子和这个改造过的骰子，帮助孩子更好地练习一个数字加上 1 或 2 等于多少。

多米诺骨牌对于孩子学习加减法也很有帮助，让孩子快速瞄一下骨牌——给他们足够的时间数出骨牌上下两部分的点数分别是多少，但别让他们数出全部的点数。之后将骨牌正面朝下扣在桌上，考考他们是否可以算出总点数，最后将骨牌翻过来核对答案。

数轴

一项关于孩子如何做加减法的研究得出了一个惊人的结论：纸笔计算有助

---

①蛇梯棋：一种经典的棋类游戏，棋盘绘有多条长短不一的蛇和梯子图案，玩家轮流掷骰子，得到多少点数就走几步。如果遇到梯子可以往上爬，一下子前进很多步；如果遇到蛇头，表示遭蛇吻，需退回到蛇尾那格。先到达终点者获胜。——译者注

于强化口算能力！这里的纸笔计算并不是说用纸笔去列竖式做计算，而是用纸和笔辅助孩子进行适合他的粗略计算。在纸上写下正在思考的问题，记录所有的步骤，能让你的孩子清楚地意识到他正在做什么，而这样就可以帮助他记住口算的方法。

当数数发展到一定的阶段，很自然地，便产生了加法运算。你的孩子会在某个关键时刻突然意识到：要想计算 5 颗糖加上 4 颗糖一共是多少颗糖，不需要从 1~9 把数字全数一遍，可以从 5 开始数，往后数 4 个数就好。在学校里，老师们会使用数轴来解决这个问题，箭头的位置从 5 开始，向右侧移动，加 4 然后得到 9。

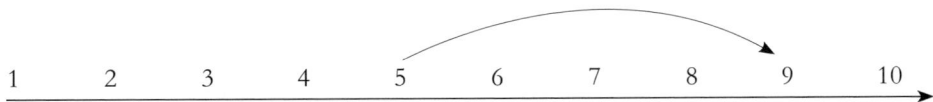

1　　2　　3　　4　　5　　6　　7　　8　　9　　10

随着数越加越大，将加法的计算步骤拆分开是个不错的方法。举例来说，不直接计算 8+7，而是在 8 的基础上先加 2（凑十法），再加剩下的 5，最后得到 15。

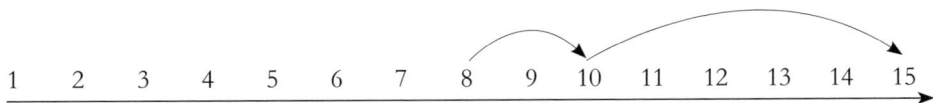

1　2　3　4　5　6　7　8　9　10　11　12　13　14　15

将一个数字拆分成几个数字的做法，叫作拆分法。就像你稍后看到的，拆分法在算术中很有用，因此，我们将它收到了数学词汇表中。

减法计算和加法计算只有一点不同，那就是：做减法时箭头要往数轴的左侧而非右侧移动。因此，计算 12－5 时，可以一个数一个数地往左移动，也可以先往左移动 2 个数，再往左移动 3 个数，例如：

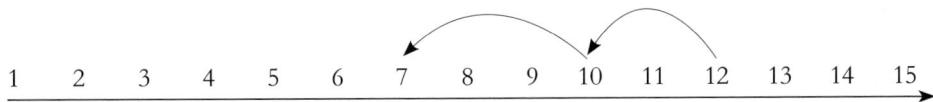

1　2　3　4　5　6　7　8　9　10　11　12　13　14　15

用数轴做 100 以内的加法

在学会了 10 以内的加减法之后，孩子就可以进一步学习口算技巧了。我们通常会鼓励孩子假想一条数轴，随后他们要在这条数轴上"标出"要计算的数字。

通过数轴，孩子会发现，求和的方法不止一种。我们来看一个例子。

$$55+37$$

方法 1：将两个数字都拆分成"几十"和"几个"

如果你的孩子对口算有一定的信心，并且对位值有基本了解的话，那么他很可能会自己发明一种解决问题的方法：将这两个数都拆分成"几十"和"几个"。

- 50 加 30 等于 80 ；
- 再加上一个 5 等于 85 ；
- 再加上一个 7 等于 92。

你可以将这些步骤在数轴上表示如下：

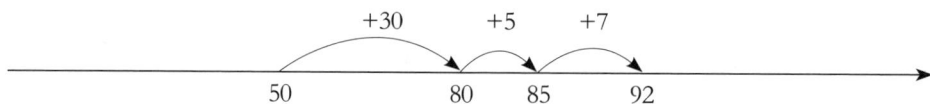

方法 2：将较小的数字拆分成"几十"和"几个"

稍微高级一点儿的方法是：将其中一个数字拆分成"几十"和"几个"。这样计算时就可以省掉一个步骤。

- 55 加 30 等于 85 ；
- 85 加 7 等于 92。

用数轴表示为：

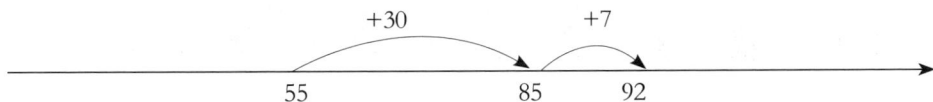

$+30$　　　$+7$

55　　　　　　85　　92

孩子似乎会自然地倾向于用第一种方法，而且你可能觉得让他用自己喜欢的方法解题也不错。不过，你可以鼓励他用第二种方法，这对孩子接下来学习减法会有帮助。

―――――――――― 测一测 ――――――――――

ⅱ）数轴

请用数轴的方法计算 48+36。

将你的计算步骤跟孩子的比较一下，看看有什么不同。

口算加法练习

掌握了这些口算技巧之后，孩子仍需多练习，以达到习惯成自然的地步。你可能会考虑在书店里买本数学练习册，或者从网上下载一些题目给孩子做，这些练习有用吗？当然，答案是肯定的，不过在这之前，你最好还是先跟孩子讨论一下不同的计算方法。不要因为练习册中某一页的 20 道题都是竖式计算，就直接让孩子用同样的方法去做。你可以先让孩子圈出他认为可以通过口算做出的题目，再跟他分享你觉得可以口算的题目。你应该教孩子用更聪明的方法做题，而不要机械地做大量重复练习。

当然了，游戏和谜题是更为轻松有趣的练习方式，比如下面这两种。

游戏 板球记分员、骰子游戏和加法练习

任何在板球比赛中担任过记分员的家长，都知道这是个练习简单计算的好机会。在夏季，你可以带孩子去当地的俱乐部观看比赛，球员们应该非常乐意让你的孩子操作记分牌——而且孩子通常都很喜欢当记分员。第一局开始的时候，初始分为 0 分，每记一次分，孩子就需要加上 1~6 之间的一个数字。到比赛快结束的时候，孩子需要处理的数能达到二三百——"爸爸，198 加 4 是多少呀？"

如果你们选择待在家里，那不妨试试前面我们提到的那个叫作"出局"的模拟板球比赛的游戏。这个游戏需要使用两个骰子（传统的正方体骰子，或随便哪种骰子都可以）。第一个骰子掷出几点，就代表得几分（1、2、3、4 或 6），但如果掷出的点数是 5，那就代表"出局"，这时，你需要掷另一个骰子来决定你是出局（1、2、3 或 4）还是没出局（5 或 6）。如果没出局，你就可以接着掷第一个骰子。将得分累加，率先获得 50 分的玩家获胜。孩子会沉迷在这个游戏中好几个小时。当然，说不定这只不过是作者透过有色眼镜，或者说带着美好的情感在回忆自己的童年呢！

游戏 用魔法数字格做加法

下页图是个魔法数字格（magic number grid），相信你的孩子会很感兴趣。找一支笔，照着下图的样子把它画在一张纸上。

7	5	6	4
4	2	3	1
6	4	5	3
8	6	7	5

在网格中任选一个数字将它圈出来，然后将与该数字同行、同列的其他数字全部划掉。如果你选择的是数字 2，那就像下图中一样将与 2 同行、同列的其他数字划掉——当然，你可以选择任意数字！

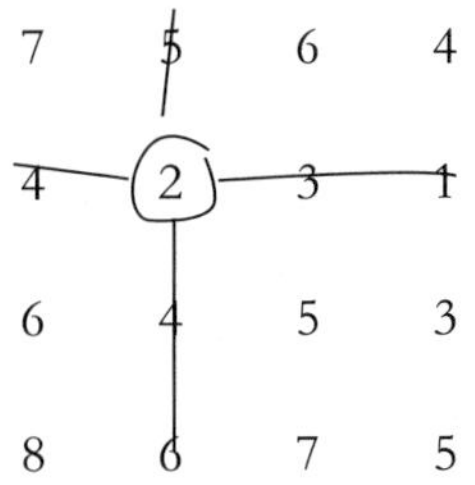

现在，在网格中圈出第二个数字，然后划掉与该数字同行、同列的其他未被划掉的数字。同样地，圈出第三个数字，重复上面的步骤。最后圈出网格中未被划掉的唯一一个数字。此时你可以看到 4 个被圈起来的数字。将这些数字加起来，总和是 19 吗？

制作魔法数字格

魔法数字格是个不错的游戏，能吸引孩子多做加法练习。那如何制作一个加起来和永远是 19 的魔法数字格呢？跟着下面的步骤试试吧！

1. 画一个 4×4 的网格。

2. 用铅笔在网格的上方和左侧写下 8 个数字，使这 8 个数字相加的和正好等于魔法数字（19）。这些数字最好各不相同，不过有相同数字也没关系。比方说，你可以选择以下这 8 个数字，以确保相加结果等于 19。

	3	1	2	0
4				
1				
3				
5				

3. 现在将网格里的每个方块都填上数字。某个方块需填入的数字为网格上方数字与左侧数字相加之和。例如，格子左上角的方块对应的是 3+4 之和，那么这里需要填入数字 7。下图是填了一半的格子。

	3	1	2	0
4	7	5	6	4
1	4	2	3	
3				
5				

4. 将原来写在网格上方和左侧的数字擦掉，魔法数字格就做好了。

现在，从这个网格中任意选取 4 个不同行、不同列的数字，它们相加肯定都等于 19。

要制作一个加起来是其他数字的魔法数字格，比如 43，只要保证第二个步骤中网格上方与左侧的数字加起来是 43 就好。

魔法数字格还有一个妙用，那就是将它画在生日贺卡上，当然，要保证最后得到的魔法数字恰好是收卡人的年龄。

用数轴做 100 以内的减法

用数轴做减法跟做加法的方法是一样的，区别在于做减法时箭头要往数轴的左侧移动。不过，就减法来说，某些做题方法会比其他方法简单些。

比如这道题：55−37=□

除非你对负数计算很有信心，不然将两个数字拆分成"几十"和"几个"，再用口算方法计算的话，到最后你很有可能被这道题搞蒙。如果计算不细心，可能变成这样：

- 50 减 30 等于 20 ；
- 5 减 7（等于 −2）。可以这样减吗？或许我应该用 7 减去 5 得到 2 才对？
- 我到底应该用 20 加上 2 还是减去 2 还是要怎样？谁来帮帮我?！

其实你可以只拆分减数而不拆分被减数。将减数拆分为一个整十数和一个一位数。如果你直接用被减数（这道题里指 55）先减去拆分而来的整十数，再减去拆分而来的一位数，这道题就容易多了。

- 55 减 30 等于 25；
- 25 减 7 等于 18。

我们可以把这种解题方法背后的逻辑在数轴上清晰地表示出来。

$$55-37=18$$

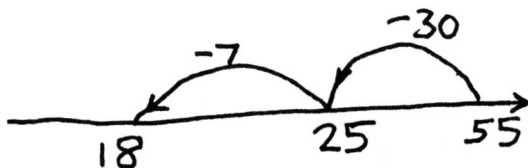

测一测

iii) 更多关于数轴的问题

请用数轴解出下面这道题，并将你的解题步骤和孩子的比较一下。

$$73-28=\square$$

加减法结合

孩子用口算法处理的一般都是较大数加上或减去较小数的题目。这里介绍的两种方法，对加法和减法同样有用。

第一种方法叫拆分法。举例来说，如果你想计算 137+6，就可以先将 6 拆分开来：先用 137 加 3，得到 140，再加上余下的 3。一个孩子在数轴上将这道题的口算过程表示如下。

$$137 + 6 = 143$$

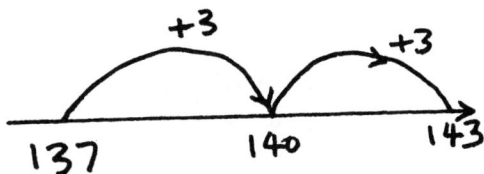

这种方法同样适用于减法。

$142-8=\square$

$142-2=140$，$140-6=134$。

第二种方法叫补偿法——先要清楚，相对于本应加或减的数字，你实际进行加或减时多加或多减了多少，随后再做些"补偿"算出最后答案。例如，加 9 的时候，就可以用"先加上 10，而后再减去 1"的补偿法。

$$148+9=157$$

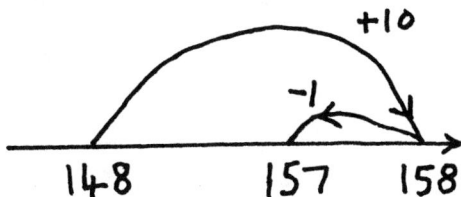

这种方法同样适用于减法。例如，267-48，先算 267-50 比较简单，等于 217。但那样就多减了 2（我们要减 48，不是减 50），还需要再把 2 加回去，最后得到答案 219。

当孩子有自信用数轴来展示口算过程时，他就会发明其他适用于特定类型的数字的方法了。例如，计算 55+39=□。

你可以将 39 拆分开来，先用 55 加 30 再加 9，不过，如果你对数轴的原理有深入的理解，你可能会采用更为简便的方法：先加上 40 再减去 1。

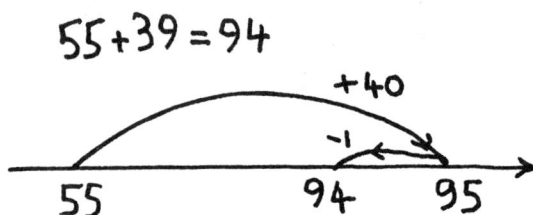

如何理解减法：表示"拿走一部分东西"还是"求两数差值"?

你的孩子不仅要学习如何做加法和减法，还要学会做选择——什么时候用哪种运算。通常来说，孩子知道什么时候该用加法，但什么时候该用减法就不太好理解了。

很多人将"37-19"这样的算式理解为"从 37 个东西中拿走 19 个"——他们对于减法最初的理解就是"拿走一部分东西"。数出 37 个筹码，然后拿走 19 个，现在剩多少个呢？不过，很多并非"拿走一部分东西"的题目，也可以用减法来计算。

　　我有 37 张贴纸，我的朋友有 19 张，那我比朋友多几张贴纸呢？

你可以通过计算 37-19 来解决这个问题，但在这个问题中，没有任何东西被拿走——因为到最后，我还是会有 37 张贴纸，而我的朋友同样还是有 19 张贴纸。

同样，假设我想要的玩具售价为 37 元，而我现在已经在小猪存钱罐里存了 19 元，那我还需要存多少钱呢？

孩子会从 19 接着往下数，一直数到 37，也就是可以写成：19+□=37，不过，你也可以将这个问题反过来，计算 37-19=□。

数轴对于孩子用口算方法做减法很有帮助，也有助于他们进一步探究减法表示的不同含义。请看下面 3 个算式，在继续往下读之前，你可以先算一下答案，并想想你是如何算出来的。

130-17

130-118

130-49

大多数人会把第一道题看作"拿走一部分东西"的问题——从 130 中"拿走"17，于是他们可能会先用 130 减去 10 得到 120，再减去 7 得到 113。而相比之下，从 130 中"拿走"118 就要麻烦一些了。当然，这种方法可以用。不过，你其实可以这样想"嗯，118 加 12 是 130。"也就是说，你是在 118 的基础上加上了一个数，而不是用"拿走"的方法在做这道题，因此，你采用的方法是找出这两个数的差值。而计算 130-49 时，你可以用另一种策略——补偿法。49 接近 50，可以先用 130 减 50 得到 80，然后再把 1 加回去——本应减 49 却减了 50，需把多减的这个 1 作为"补偿"加回去。以上方法都可以在数轴上直观地表示出来。

$$130-17=113$$

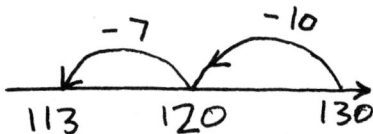

$$130 - 118 = 12$$

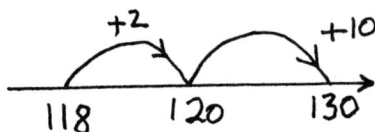

$$130 - 49 = 81$$

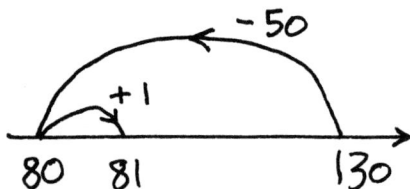

现在很多老师都鼓励孩子在数轴上做一些简单的标记，写下自己的口算过程，这是因为，根据心理学的一项研究，有确凿的证据表明：孩子可以用数轴构建某种心智图像，并可以在不写任何东西的情况下，计算加法和减法。

小提示

和孩子一起练习用不同的方法念出减法题目，比如对于 10-7，你可以念成"从 10 个东西中拿走 7 个""10 减去 7""10 和 7 的差是多少""10 比 7 大多少""7 比 10 小多少"，等等。

测一测

iv）买鞋子

减法计算会以不同的形式出现在各种各样的问题当中，这里有一个现实生活中的例子。你可能会发现，在解答这两个问题时你会用到不同的方法，也会同时用到加法和减法。

蕾切尔买了一双 13.75 元的凉鞋和一双 32.40 元的运动鞋。

a. 她付给售货员 50 元，应找回多少钱？

b. 运动鞋比凉鞋贵多少钱？

游戏　图形作差

在一张纸上画一个很大的正方形。请孩子在图形的 4 个角上写下他认为有趣的数字。将正方形每条边的中点标记出来，跟孩子一起算出相邻两个数字的差值，并写在中点上。在下图中，上面两个数字相差 8，左侧两个数字相差 11，剩下的你可以自己算。

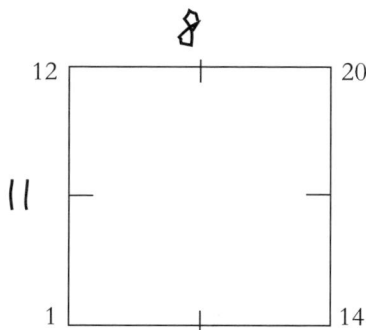

现在，将 4 个中点连起来，这样，之前的大正方形里面会形成一个倾斜的小正方形。将这个小正方形每条边的中点标记出来，在中点上写出相邻两个数字的差值（如 8 和 11 的差值是 3）。再将这些中点连起来，形成一个更小的正方形，然后标记出中点，重复上述步骤。

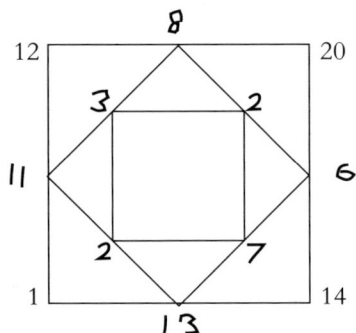

直到画出的某个正方形的所有中点的数字都变成同一个数字（在这个例子中是 4）。那么在它之后画出的那个正方形，它的每个中点的数字都会是 0。这个游戏的好处在于，即便你在计算数字差值的过程中算错了，最后 4 个中点的数字也会是 4 个 0。

你可以将这个游戏变成一个挑战：谁能选出 4 个小于 20 的数字，在 4 个中点的数字全部变成 0 之前，画出最多的正方形呢？如果选择 4 个更大的数字呢？选择负数或分数呢？假设你一开始画的不是正方形，而是三角形或六边形呢？不需要给孩子一整本的练习题，用这个方法就可以让他做大量的减法练习。

负数

在减法学习中，孩子可能掉入另一个"陷阱"——负数。学习负数对孩子来说要难得多，部分原因在于，负数比正数（用来计数的数字）更难想象。

你的孩子可能会在五年级或六年级才正式开始学习负数，不过，他很有可能在那之前就碰到过有关负数的问题了。许多建筑物都有地下楼层，电梯可以去到 -1、-2 等楼层。在寒冷的冬天，孩子会发现温度是 -5 摄氏度。在这两种情况中，我们讨论的都是 0 "以下"的数字，因此你可以把数轴旋转一下，把它变成垂直数轴，让负数真的位于 0 "以下"，用这种方法来帮助孩子理解负数。这样，水平数轴就变成了数字阶梯：0 在中间，往上是正数，往下是负数。你也可以将负数称作"地下"数字。你的孩子应该还没有碰到过信用卡额度透支的问题，当然这些也跟"地下"数字有关。

此外，还贷款可能总有一天会成为孩子日常生活中非常熟悉的实际问题，你甚至可以引导他了解有关负数的计算问题。加号代表往上移，减号代表往下移，3−5 就表示从第 3 层开始往下移动 5 层，也就是说，最后会到达地下 2 层。

孩子（和大人）都认为计算 9−5 要比 5−9 容易得多，这没什么好奇怪的。实际上，计算这两道题目都需要假想在数轴上移动箭头，只不过一个是在水平数轴上往左移动，一个是在垂直数轴上往下移动。从 9 开始，往左移动 5 个数，最后会得到 4。而从 5 开始，往下移动 9 个数，可以分作两步：往下移动 5，得到 0，再移动 4，就得到 −4。事实上，如果你将一道减法题目的减数与被减数互换位置，你会得到同一个数，只不过其中一个变成了负数而已。例如，48−23=25，23−48=−25。

另外，"minus"这个词的使用常会引起人们对于负数的困惑。在英语中，"minus"这个词既可用作动词，表示"减去"（例如，"eight minus three equals five"意为"8 减 3 等于 5"）；又可用作形容词，表示"负的"（例如，"the temperature was minus six degrees"意为"温度为 −6 摄氏度"）。而消除这种困惑的最好办法，就是不要把"minus"用作形容词来表示"负的"，而要用"negative two"或者"underground two"来表示 −2 的含义。

高斯的巧妙捷径

续接本章前面提到的数学挑战：1+2+3+4+5+…+100，那么高斯的妙招到底是什么呢？

高斯很聪明，他想到，与其将这些数字一个一个地累加起来计算，倒不如尝试将这些数字按照从 1 到 100 的顺序写出来，然后以相反的顺序在下面再写一次，看看是不是会有什么头绪。

正常顺序　　1 + 2 + 3 + 4 + 5 + 6 +…+100

相反顺序　　100+99+98+97+96+95+…+1

这时，高斯发现，如果将上下两行的数字分别两两相加，就会得到：

101+101+101+101+101+101+…+101

现在这个问题就变得非常简单了：101×100，答案是 10100。那么，1+2+3+4+5+…+100 的总和就是这个数字的一半，即 5050。

我们能从中得出什么启示呢？其实这个故事很好地说明了一点，那就是：在埋头使用一种标准方法之前，先跳出来试着纵览全局，说不定就会有新的收获。把高斯的故事当作睡前故事讲给孩子听也是个不错的主意哟！

第七章　加法和减法：笔算

问：9 和 4 差多少？①

答：**9 弯弯的，**
而 4 是由直直的线组成的。

在前一章，我们探讨了如何帮助孩子用口算的方法做加法和减法。我们也提到过，孩子有时候还是会碰到无法用口算直接计算的算式。对于到底是用纸笔还是用计算器计算更好，教育界或多或少还存在分歧。有些人会说，就像纸笔是纸笔运算时代的"科技产品"一样，现在的科技产品是计算器，孩子自然应该用计算器计算。也有一些人反驳称"如果计算器没电了怎么办？"或者"手

---

①此处原文为"What is the difference between 9 and 4?""difference"有"不同"之意，也有"差值"之意。很明显，在这里，孩子没有弄懂题目要求。——译者注

头没有计算器怎么办？"，孩子还是要用纸笔计算。不过，现在很多孩子手头备有电子设备的可能性，要比备有纸笔的可能性高得多，从逻辑上讲，优先使用纸笔进行计算的论点是站不住脚的（与普遍认知相悖的是，研究表明，合理使用计算器并不会降低人们的理解能力）。事实上，很少有孩子在课堂之外仍使用纸笔计算。但是，应当指出的是，学习用纸笔计算非常有用，不仅能让孩子长大后拥有一项实用技能，还能增进他对这些技能衍生出的数学问题的理解。

关于笔算加减法，孩子的疑难点

1. 机械地将数字进行加减运算，而不思考得到的答案是不是合理。

2. 运算法则没有记牢，错误地记成"不能用 7 减 9"，因此在计算 67-29 时，才会得出 42 这个答案。

3. 用口算解题更容易时，仍使用笔算。

竖式加法——"标准"方法

可能此时此刻你正在试图回忆：我以前是如何做加法的？其实，大多数人是用下面的方式计算 146+879 的：

$$
\begin{array}{r}
1\ 4\ 6 \\
+\ 8\ 7\ 9 \\
\hline
1\ 0\ 2\ 5
\end{array}
$$

通过机械地重复练习，我们学会了这种方法，因此在我们看来，这样计算是理所当然的。可孩子不这么认为。例如，在上面的求和过程中，大人们会说："6 加 9 是 15，5 写在下面，向前一位进 1；4 加 7 加 1 是 12，2 写在下面，再向前一位进 1……"。但是，"4 加 7 加 1 是 12"实际上是"40 加 70 加 10 是 120"，同样前一列的"1 加 8 加 1"实际上是"100 加 800 加 100"。大人们能理解这个规则，但孩子因为缺乏扎实的数学基础，往往并不理解。

竖式减法——"标准"方法

如果竖式加法会让孩子感到困惑，那竖式减法（老一辈人当时学习的方法）就绝对算得上是一大"雷区"了。

比方说，计算 784−356 时，你学过的计算方法可能是下面这样的：

$$
\begin{array}{r}
7\ 8\ _1 4 \\
-\ 3\ _5 6 \\
\hline
4\ 2\ 8
\end{array}
$$

从右边开始，你会说，"4 减 6 不够减，向前一位借 1，14 减 6 是 8，还 1；5 加 1 是 6，8 减 6 是 2……"。（事实上，因为读书的年代和就读的学校不同，人们对于将那个还回去的 1 放在哪儿的处理办法，可能会有细微的差别。）

而年轻一些的爸爸妈妈们学习的方法可能是要"调整"上面的数字。

$$
\begin{array}{r}
7\ ^7 8\ ^1 4 \\
-\ 3\ 5\ 6 \\
\hline
4\ 2\ 8
\end{array}
$$

从右边开始，你会说，"4 减 6 不够减，从前一位 8 上（实际上是 80）取 10，10 加 4 是 14，14 减 6 是 8，7 减 5 是 2……"。有些人学习的做减法的方法是第一种老方法——先从 8 借 1 当 10；但在第二种方法中，并没有用到借位的问题，只是将 784 拆分成了 770+14 而已。

竖式计算中的困惑

刚开始学习数学的年幼孩子并不认为数学符号的排列需要遵循某种特定的顺序。因此，对他们来说，3+4 和 4+3，甚至"34+"或者"+34"，都是指的同一回事：将 3 和 4 加起来。同样，对于 7−3 和 3−7 他们也认为是一回事：这两个都是 7 减 3 的意思。可是会有一个好心的成年人（姑且称她为"正经小姐"）出现并说："你不能用小数字减去大数字，因此不能写 3-7，要写 7-3。"严格来讲，她说的是错的，因为你可以用小的数减大的数——毫无疑问，你有时会在银行账单上看到这种情况。数学家发明负数，就是为了要给像"3-7"这样的算式一个答案，只是孩子目前还不会这样计算而已。

然后，另一个好心的成年人（称他为"正确先生"吧）会给孩子示范如何做竖式减法，就像下面的算式一样。

$$
\begin{array}{r}
4\ 6\ 8 \\
-\ 2\ 4\ 5 \\
\hline
2\ 2\ 3
\end{array}
$$

"正确先生"的指示是："首先从个位数开始，8 减 5 等于 3。然后，6 减 4 等于 2，4 减 2 等于 2。"实际上，我们计算的是 60 减 40 和 400 减 200，但这是另外一回事了。

之后，孩子会碰到下面这个算式。

$$
\begin{array}{r}
4\ 5\ 2 \\
-\ 2\ 8\ 9
\end{array}
$$

然后，面对来自"正经小姐"和"正确先生"的不同声音，孩子的脑海中就像有两个小人在打架。

正确先生：先从个位数开始。

孩子：2 减去 9。

正经小姐：你不能用小的数减大的数。

孩子：如果不能用 2 减去 9，那就用 9 减去 2 好了，等于 7。

因此，孩子就会遵从脑海中的声音，写出下面的竖式。

$$
\begin{array}{r}
4\ 5\ 2 \\
-\ 2\ 8\ 9 \\
\hline
2\ 3\ 7
\end{array}
$$

　　这些规则可能让孩子特别困惑，这也是为什么这种计算方法要等到孩子真正知道自己在做什么的时候才能教给他们。接下来的测验列举的是孩子用传统的竖式计算方法得到错误答案，而用自己的方法得到正确答案的例子。

孩子的小脑瓜，到底都在想些啥？
——他们是如何得到这些错误答案的呢？

　　看一下孩子做的这些减法计算题，虽然答案是错误的，但他们得到错误答案的过程，却是有"合理"原因的。你能猜出这些孩子当时是怎么想的吗？

$$A\quad \begin{array}{r} 543 \\ -287 \\ \hline 344 \end{array} \qquad B\quad \begin{array}{r} 201 \\ -\ 97 \\ \hline 14 \end{array}$$

　　孩子 A 很可能自言自语道："3 减 7 不可以，那么要用 7 减 3，得 4；4 减 8 不可以，那么要用 8 减 4，得 4。"

　　孩子 B 会觉得，要算出这道题真的有点儿难。这个孩子意识到，要计算右列的 1 减 7，就要"借" 10，但因为 201 的十位数是 0，于是她向更左边的百位数上的 2 借数。（还有一种可能就是，她做了很多两位数的减法练习，然后，错误却理所当然地认为，借数一定要向最左边的那个数字去借。）

　　犯下这类错误的孩子尚未发展出足够的数感，他们未能真正理解传统的竖式计算方法中的借位问题。上一章中我们讲到的利用数轴进行计算的方法和拆分法对他们来说更容易理解。

　　我们听到过一个非常有意思的、关于一个孩子将借位问题发展到极致的故事。在计算 543-287 时，这个孩子意识到，计算 3-7 需要借位。不过，他没有向相邻位数上的数字借，而是决定向印在页面顶端、以数字形式出现的日期来借！他最后阴差阳错地得到了正确答案，当然了，只要老师能接受今天的日期莫名其妙地少了 4 的话。

用拆分法做加法

在小学阶段，你的孩子开始学习列竖式计算，不过，乍一看，他用的方法可能和你熟悉的方法不大一样。现在，许多学校教授的方法是：计算前，先将数字用"展开式"的方法写出来，这样会更一目了然；如果忘记了，也可以回去查看。以下是可能出现的加法计算方法。

你会用到的方法：　　　孩子可能学习的方法：

```
    452              400   50    2
  + 289            + 200   80    9
                     600+130+11=741
```

───────────── 测一测 ─────────────

i）用拆分法做加法

a. 用拆分法计算 147+242。

b. 用拆分法计算 368+772。

用拆分法做减法

我们同样可以用拆分法来做减法，从而使得处于同一竖列上的数字得以相减。

$$
\begin{array}{r}
452 \\
-289 \\
\hline
\end{array}
\qquad
\begin{array}{rrr}
400 & 50 & 2 \\
-200 & 80 & 9 \\
\hline
\end{array}
$$

在此阶段，计算 2 减去 9、50 减去 80 对孩子来说仍然是不小的挑战。因此，可以继续将上面一排的数字进一步拆分，以便顺利做减法。

$$
\begin{array}{r}
452 \\
-289 \\
\hline
\end{array}
\ \text{可以写成}\
\begin{array}{rrr}
400 & 50 & 2 \\
-200 & 80 & 9 \\
\hline
\end{array}
\ \text{或}\
\begin{array}{rrr}
300 & 140 & 12 \,\text{（仍然是 452）}\\
-200 & 80 & 9 \\
\hline
100 & 60 & 3 = 163
\end{array}
$$

这种方法只是比传统的简洁版竖式减法多了一小步而已。

测一测

ⅱ) 用拆分法做减法

a. 用拆分法计算 847−623。

b. 用拆分法计算 721−184。（与其将它视为 700−100、20−80 和 1−4，不如想想看，用什么方法可以不必用到负数。）

孩子的小脑瓜，到底都在想些啥？
——他们是如何得到这些正确答案的呢？

孩子做减法所使用的方法比他们父母的更为多样，这有好有坏：好的一面是，孩子解题的自由度提高了；坏的一面则是，父母要下点儿功夫理解孩子到底是怎样解题的。在往下看之前，请你先用笔算的方法计算 56−38。

现在，看看下面 3 个孩子对这道题目的解法。孩子们算出的答案都是正确的，用的方法却各不相同。你能看出这 3 个孩子分别使用的是哪种方法吗？

```
A   56        B   56       C   56
   -38           -38          -38
    26           ‾2‾          ‾2‾
    20            20           16
   ‾18‾          ‾18‾         ‾18‾
```

孩子 A 自言自语道："让我来算算 56 减 38 等于多少。56 减 30 等于 26，我还需要再减 8。先用 26 减 6，等于 20，20 再减 2，等于 18。"这个小女孩少写了一步，因此你可能觉得有点儿看不明白。如果这是孩子为方便解题随手写下的草稿，当然没问题。不过，要是她需要别人帮她检查的话，我们应该鼓励她用下面的方式来写：

56 — 30 = 26

26 — 6 = 20

20 — 2 = 18

孩子 B 运用他对负数的理解来计算 6 减 8，得出 −2，再用 50 减 30，得到 20。20 加 −2 等于 18。

孩子 C 实际上是在做加法，而不是在做减法，他使用的方法是：找出 38 加上多少才能得到 56——"38 加 2 等于 40，40 加 16 等于 56，2 加 16 等于 18。"

这些方法可能会让你感到困惑，不过无须惊讶——关键是对创造这些方法的孩子来说是容易理解的。何况，孩子的确算出了正确答案！

在这道计算题中，孩子凭借某种感觉创造了这些方法，这种感觉就是数学家们称为"数感"的东西——孩子乐于"把玩"数字，他们对于如何计算减法有自己的"感觉"，而不只是单纯遵循他人制订的规则。

检查运算结果正确性的技巧

做计算题的时候，无论是做加法题、减法题还是更为复杂的题目，孩子都需要学习最后一步——检查得出的答案是否正确。这种习惯的养成需要时间，因为大多数孩子都觉得，只要得出了答案，这道题就算完成了，然后迫不及待地开始做下一道题。

检查答案的正确性并不一定要从头到尾再算一遍。最好的检查方法是先找出那些一看就知道答案有错的，尽管你并不知道错在哪儿。比方说，27+42 的答案不可能是 843，因为相加的两个数字都小于 100。虽然不知道错在哪儿，但我们可以确定的是一定有错！你可以试着帮孩子养成自问的习惯，如让他问问自己"这个答案看起来合理吗？"，这样他就能自行发现计算中的明显错误。

━━━━━━━━━━━━━━━━━━━ 测一测 ━━━━━━━━━━━━━━━━━━━

iii) 为什么这些答案肯定是错的?

在不进行运算的情况下，怎么知道这些答案肯定是错的?

a. 3865 + 2897 = 6761

b. 4705 + 3797 = 9502

c. 3798 − 2897 = 1091

第八章　乘法和乘法表

问：下列数字中有一个是 5 的倍数。请把它圈起来[①]。

　　　17　8　52　35　22

经过仔细观察，你可以看到孩子在"它"字上画了一个戒指。

[①]此处原文为"Put a ring around it"，"ring"有"圈起来"的意思，也有"戒指"的意思。很显然，孩子理解错了题意。——译者注

从加法到乘法只是短短一小步，问题却成倍增多——对孩子来说是这样，对家长来说也是如此。对孩子来说，主要的问题在于他们需要努力理解愈加抽象的概念；而对家长来说，问题则在于他们需要应对不断出现的新的解题方法和陌生字眼。

乘法学习包括两部分：第一部分是将乘法表牢记于心，第二部分是学习如何使用运算法则来做大数乘法。本章先来学习乘法表。

报纸常用一些耸人听闻的标题，声称现在的学校不再教孩子乘法表了。不过，这并不是真的。我们还从没听说过哪个学校不想让孩子学习乘法表（也有一些教育家习惯将其称为"乘法组"）。

新闻媒体和学校偶尔产生分歧的地方在于，到底哪种方法能够帮助孩子更为牢固地掌握乘法表。

关于乘法和乘法表，孩子的疑难点

1. 不知道 7×8 的答案是多少。

2. 意识不到某个问题是个乘法问题（因为问题没有明说"8 乘以 4 等于多少？"）。

3. 没有领会到只要知道了 $4 \times 9 = 36$，就应该知道 9×4、$36 \div 4$ 以及 $36 \div 9$ 的答案。

4. 记不清乘法表的某句口诀时，不知道该怎么办。

5. 计算 4×6 时，用数 4、8、12、16、20、24 来得出答案，却不知牢记 $4 \times 6 = 24$ 更简单。

乘法表

孩子很小的时候就会接触到作为相加的"捷径"而出现的乘法。与其将 7 加 7 加 7 再加 7，远不如直接记住"4 个 7 是 28"来得简便。这些基本运算在数学和其他大部分的学科中都非常重要，必须要烂熟于心。

以下的表格包括了从 1×1 到 10×10 的 100 个乘积，孩子要能对此做出快速反应。

1	2	3	4	5	6	7	8	9	10
2	4	6	8	10	12	14	16	18	20
3	6	9	12	15	18	21	24	27	30
4	8	12	16	20	24	28	32	36	40
5	10	15	20	25	30	35	40	45	50
6	12	18	24	30	36	42	48	54	60
7	14	21	28	35	42	49	56	63	70
8	16	24	32	40	48	56	64	72	80
9	18	27	36	45	54	63	72	81	90
10	20	30	40	50	60	70	80	90	100

孩子只需牢记这个乘法表，便能为以后做算术题甚至学好数学打下扎实的基础。

不过，要是真这么简单就好了！孩子学习乘法表的过程往往会让家长大伤脑筋。尤其让家长感到苦恼的是，现在的孩子似乎并不像家长过去上学时那样背诵乘法表了。

乘法的多种表述方法

在同孩子一起踏入乘法的世界之前，你首先要有这样一个认识，那就是：

一道简单的乘法计算题可以用多种让人意想不到的方式来表述。例如 3×4，你可以将它说成是：

- 3 个 4（或 4 个 3）；

- 3 乘以 4；

- 4 乘以 3；

- 3 和 4 的乘积；

- 3 组 4；

- 4 组 3。

慢慢地，你的孩子就会意识到：这些表述都在说同一回事，而且都代表乘法。但在孩子刚开始学的时候，这一点可没那么显而易见。为了帮助孩子熟悉乘法运算，在说到乘法的时候，你可以即兴变换说法。比方说，"3 个 4 是多少？""3 乘以 4 是多少？"

顺便提一句，当孩子踏入用字母表示数字的代数世界的时候，他会发现有更多方法用来表示乘法。因为字母"X"看起来像乘号，所以有时会用一个点"·"来代替乘号，或者干脆就不用任何符号！举例来说，"4（b-3）"表示的是 4 乘以（b-3）。不过，你的孩子可能十几岁时才会碰到这类数学表达式，因此，除非孩子有数学天赋，否则不要提前教他这些，以免造成混淆。

反复背诵乘法表

大多数成年人都是用反复背诵的方法来学习乘法表的。"一四得四、二四得八、三四十二……"。通常来说，乘法表的学习是按顺序来的，先学 2 的乘法口诀，再学 3 的乘法口诀……一直到 9 的乘法口诀。背诵乘法口诀时，口诀中的数字可以调换顺序。也就是说，学习 4 的乘法口诀时，可能背的不是"一四得

四、二四得八……", 而是"四一得四、四二得八、四三十二……"。

不管你用的是哪种方法, 反复背诵肯定是有帮助的。可能你做题的时候, "四八三十二"的口诀还会如歌曲旋律般在你的脑海中回荡呢! 孩子很擅长通过声音把事物记在心里。反复背诵的另一个优点在于其重复性。不可否认, 你重复做某件事情的次数足够多的时候, 它就能印在你的脑海里。因此, 如果你的孩子喜欢用反复背诵的方法记乘法表, 请一定鼓励他这样做。

不过, 并非所有的孩子都喜欢反复背诵。而且这种方法也有一个小缺点: 乘法口诀并不押韵, 因此记乘法表时, 可能会出现答案听着押韵但实际上是错的的情况——"四八三十六"和"四八三十二"一样, 很容易脱口而出。除非对自己的记忆力有十足的信心, 否则我们没法立刻知道哪个是正确答案。在背乘法口诀时, 我们的记忆经常会出现偏差, 其中最常被记错的便是 7×8。

如果你想考考某人是否真的将乘法表背得很熟, 那 7×8 绝对是个经典考题, 它是公认最难记的。7×8 是 56、54 还是 58?

小提示

记 7×8 等于多少, 只要记得 5、6、7、8 是按顺序排列的, 即 $56 = 7 \times 8$ 就好。

背诵乘法表的顺序大有讲究

按照顺序学乘法表——先学 2 的倍数, 再学 3 的倍数, 然后是 4 的倍数, 等等——并不是最高效的方法。对孩子来说, 学乘法表最自然的方法, 就是先从最简单的开始学, 逐渐过渡到最难的。下面的顺序更合理些。

- 10 的倍数。10、20、30……, 孩子学数数时会很自然地学到。
- 5 的倍数。这跟手指和脚趾的数量有关。

- 2 的倍数。一对、偶数、加倍，这都是孩子熟悉的概念。
- 4 的倍数和 8 的倍数。
- 9 的倍数。（有计算小妙招，见下文）
- 3 的倍数和 6 的倍数。
- 7 的倍数。

在本章接下来的内容中，我们将一一揭晓学习乘法表的小技巧。

乘法交换律与阵列

学乘法表时，要让孩子认识到一个很重要的规律，即乘号前后两个数交换位置并不影响乘积：$3 \times 7 = 7 \times 3$。数学家对这个规律情有独钟，因此给它取了个花哨的名字：交换律。

对成年人来说，乘法交换律这一重要概念是比较容易理解的。但对孩子来说则不然，孩子往往需要一段时间才能弄明白这个概念，因为仅凭之前对乘法的理解，这一规律并不十分直观。假设乔有 3 包糖，每包有 7 颗糖；而萨姆有 7 包糖，每包有 3 颗糖，孩子很难立马反应过来：乔和萨姆的糖果数量相同。如果让孩子在两者中选择，年纪较小的孩子通常会选择 7 包糖，觉着这样能拿到更多糖果。

向孩子展示为什么 3 乘 7 等于 7 乘 3 的最好方法，就是使用**阵列**。阵列这个词你在上学的时候可能没听说过，但如今在学校的数学教育中，它却是个非常重要的词。它是数学专业术语，指的是排列成长方形的一组数字或一些图形。下页图是一个 3 行 7 列的阵列。

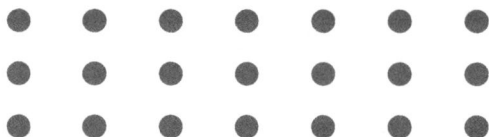

阵列这个概念非常重要，因为它是一种简单直观的辅助工具，可以帮助孩子理解乘法和分数的运算。这个 3 行 7 列的阵列里有几个点呢？ 3 行 7 是 21。换句话说，阵列是一种用来表示乘法的简单方法，这里可以写作：3×7 = 21。

如果让你用两种方法画出这个阵列，你会怎么画呢？

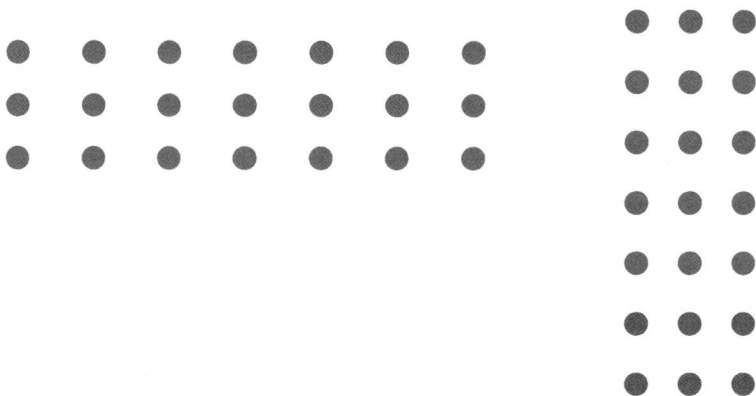

第一个阵列表示的是 3×7，第二个阵列表示的是 7×3。（在"读取"这些图表时，习惯上是先读行再读列。）很明显，不用数，我们就知道两个阵列中的点数相同，因为将第一个阵列旋转 90 度，它就变得跟第二个阵列一模一样了，也就是说，3×7=7×3。

事实上，无论阵列的形状如何（或者两个数的乘积是多少），也不管你从哪个角度看这个阵列，总点数是不会变的。247×196 和 196×247 是一样的，只要想到阵列这个概念，你就可以说服自己了。

小提示

你可以在家里和街上多留意阵列的踪迹，将它们指给孩子看，并跟孩子讨论。那个铺有锡纸、盛着饼干的塑料托盘上有个 3×4 的阵列，如果我们将它旋转一下呢？现在变成了 4×3 的阵列。看看那栋建筑物上面的窗户，为什么它是 5×4 的阵列呢？它也可以是 4×5 的阵列吗？实际上，当你开始寻找阵列的时候，便会发现它们几乎无处不在。

将乘法表劈两半

一旦明白了 3×7 等同于 7×3，你需要记忆的乘法口诀的数量就会大大减少。如果你将 3×7 的答案背下来，就会获得一个额外奖励：7×3 的答案。这就像是数学中的"买一送一"，更准确地说，是"背一送一"。在领悟了这种交换律规则后，你就可以将 100 个需要记忆的乘法口诀减少到 55 个（并不完全是一半，因为像 3×3、7×7 这样的平方数是没有"同伴"的）。

从下面 10×10 的乘法表中，你可以看到这 100 个数字中有多少个是可以省掉不用记的。

1	2	3	4	5	6	7	8	9	10
2	4	6	8	10	12	14	16	18	20
3	6	9	12	15	18	21	24	27	30
4	8	12	16	20	24	28	32	36	40
5	10	15	20	25	30	35	⃝40	45	50
6	12	18	24	30	36	42	48	54	60
7	14	21	28	35	42	49	56	63	70
8	16	24	32	⃝40	48	56	64	72	80
9	18	27	36	45	54	63	72	81	90
10	20	30	40	50	60	70	80	90	100

虚线上方的所有数字（如 5×8=40）同样出现在了虚线下方（如 8×5=40）。这条虚线是一条对称线。注意到虚线上的数字的特点了吗？请接着往下看。

1	2	3	4	5	6	7	8	9	10
	4	6	8	10	12	14	16	18	20
		9	12	15	18	21	24	27	30
			16	20	24	28	32	36	40
				25	30	35	40	45	50
					36	42	48	54	60
						49	56	63	70
							64	72	80
								81	90
									100

小提示

孩子通常用数数的方法学习乘法表。为算出 8×4，他们会这样数——"4、8、12、16、20、24、28、32。"但如果孩子知道 8×4 和 4×8 是一样的，就会按照 8、16、24、32 的顺序来数，这样会快一些。在日本，孩子被明确教导要"把小的数字放在前头"。记 7 组 3？不要这么记，应该记 3 组 7。

平方数

两个相同的数字相乘（1×1、2×2、3×3 等）会得到一个**平方数**，因为它们等于组成正方形的阵列所需要的图形的总个数。请看上文中乘法表上的虚线，你便能发现虚线上的数字全部都是平方数。

这些平方数在今后的数学学习中会经常出现，因此，有必要将它们从乘法表中单拿出来特殊记忆。

平方数有个很有趣的规律，你可以跟孩子一起探索。

1　4　9　16　25　36　49　64　81　100……

写下平方数并看看它们每次增加多少。

平方数：0　1　4　9　16　25　36　49……

差值：　　1　3　5　7　9　　11　13

平方数和奇数的奇妙关系充分说明了在数学中不同的数字规律是如何彼此关联的。

5 和 10 的倍数有规律

最简单易学的乘法口诀是 10 的倍数——10、20、30、40……，其实就是将数字 1、2、3、4 等分别乘以 10 而已。

孩子会发现 5 的倍数也相对好记，因为我们的手指和脚趾就能代表 4 组 5。另外，5 的倍数的末位不是 5 就是 0，这对记忆也很有帮助，这样孩子就可以立马找出乘法表中 5 的倍数。而且，这对大数同样适用：我们知道，3451254947815 是 5 的倍数，虽然这个数字长到无法用计算器来确认它除以 5 的答案是多少。

用加倍的方法学习 2、4、8 的倍数

孩子通常认为加倍并不难。他可以借助两只手的 10 根手指来计算，当他的手指不够数时，你可以把自己的手指借给他，这样，他很快便能解决 10 以内数字的加倍问题。

但孩子不总能将加倍与乘以 2 联系起来。他可能知道 6 加倍是 12，但如果你问他"6 乘以 2 是多少？"他还是要把"2、4、6、8、10、12"数一遍。因此，这里就要提醒孩子，6 乘以 2 的答案和 2 乘以 6 的答案是一样的，而且要告诉他，2 乘以 6 就等于将 6 加倍。

如果孩子在加倍问题上学得不错的话，说明他掌握了 2 的倍数。

不过，他不会立刻发现，他其实很快也能掌握 4 的倍数——在加倍的基础上再加倍。

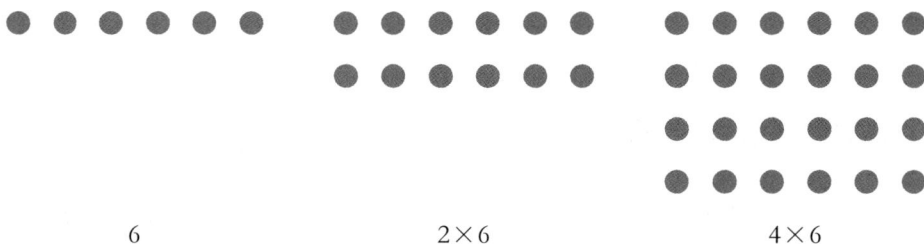

6   2×6   4×6

这个规律也可以拓展到计算 8 的倍数。举例来说，若想求出 8 组 3 是多少，你需要将 3 加倍（得到 6），再加倍（得到 12），然后再加倍（得到 24）。

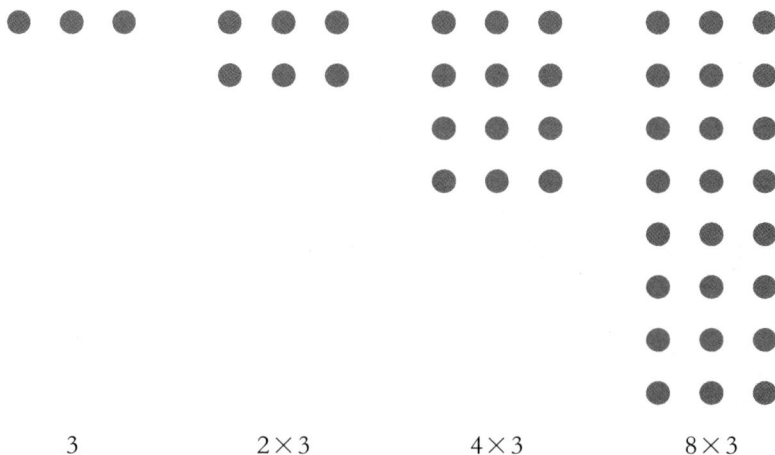

3   2×3   4×3   8×3

这种方法很棒的一点在于，就算是要计算乘法表上没列出来的数字相乘，你也一样能算出结果。

加倍 4 次，最后得到的数字会是初始数字的 16 倍；加倍 5 次，最后得到的数字会是初始数字的 32 倍。那么，32 乘以 18 等于多少呢？我们只需将 18 加倍 5 次就能得到答案。$18 \rightarrow 36$（$\times 2$）$\rightarrow 72$（$\times 4$）$\rightarrow 144$（$\times 8$）$\rightarrow 288$（$\times 16$）$\rightarrow 576$（$\times 32$）。

游戏　蛇梯棋——加倍玩法

你可以改变骰子类游戏的规则：将掷出的数字加倍。这样做有几个好处：掷一回骰子，就能前进 2 倍远的步数，孩子通常都很喜欢这种玩法；能让孩子熟悉 2 的倍数；对想要快些结束游戏、抽身去处理其他事情的家长来说，可以将游戏的进度加倍。

测一测

i) 计算 8×7

你能用加倍的方法算出 8×7 吗？

9 的倍数常规记法

学习 9 的倍数的一个方法是：算出这个数的 10 倍是多少，再减掉多算的数。

9×7 是多少？ $10 \times 7 = 70$，减去 7 是 63。下面这个简单的阵列图可以帮你深入理解这个方法。

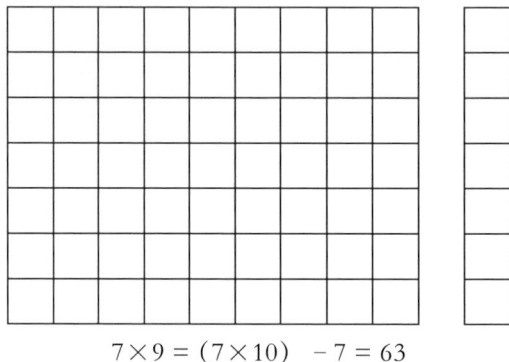

$$7 \times 9 = (7 \times 10) \quad -7 = 63$$

如果 9 的乘法口诀你只背到了 9×10，那 9×25 有可能就会难倒你，但用上面的方法来算就容易多了：$10 \times 25 = 250$，减去 25 是 225，因此，$9 \times 25 = 225$。

测一测

ii) 补偿法

你能用补偿法口算出 9×78 吗？（先乘以 10 然后再减 78）

---

9 的倍数——手指算法

学习 9 的倍数还有一种巧妙的方法。这种方法要用到手指，孩子通常都很喜欢。伸出双手，掌心朝下，想象每根手指依次代表数字 1~10，1 是最左边的小指，10 是最右边的小指。

若要计算 9 乘以某个数字，请将要乘的这个数字相对应的手指弯起来。比如说，要算 9 乘以 7，那么就将你心里数到的代表 7 的那根手指弯起来。

现在看着你的手：弯起来的手指左边的手指数代表的是十位数（60）；而右边的手指数代表的是个位数（3），因此 9×7＝63。试试看吧，这个方法对于计算乘法表中 9 的倍数都适用哟！

3 和 6 的倍数

对孩子来说，3 的倍数实际上比较难学，因为学习 3 的倍数没有真正的捷径（有人建议，先将数字加倍，再加上数字本身，那么 3×7 就是将 7 加倍，得到 14，再加 7，最后得到 21，但这样算并不比直接数"7、14、21"快多少）。3 的倍数除了死记硬背没有别的方法，因此，建议先让孩子学习其他数字的倍数，好帮助他树立起信心。

紧接着是 6 的倍数：同样地，要在乘以 3 的基础上加倍。如果能够算出某个数字乘以 3 的答案，只需再将这个答案加倍，就能得到乘以 6 的答案，因此 3×7＝21，6×7＝42。

iii) 纸杯蛋糕

学校游乐会上，玛丽一共卖了 9 个纸杯蛋糕，每卖出一个纸杯蛋糕她就能赚 20 元，请问她赚了多少钱？

7 的倍数——骰子游戏

现在剩下的只有 7 的倍数了。好消息是，如果你的孩子已经掌握了前面那些数字的倍数，那就不用再学 7 的倍数了——7 的倍数在学习其他数字的倍数时已有涉及。

不过，为了保证学习的完整性，你的孩子还是需要学习 7 的倍数。有一种游戏能促进他的学习：你需要找来很多骰子——10 个应该够了。你可以将这个游戏"渲染"成一个挑战，并宣称要和孩子来一场比赛，看看谁能用更快的速度将骰子上的数字加起来，算出总和。为了增加孩子的获胜概率，你可以让他自己选择掷几个骰子。不光如此，为了让他获胜的概率再大些，他只需将骰子朝上的那面的点数相加，而你除了要将朝上的那一面的点数相加之外，还要将骰子底部那一面的点数同时相加。

让孩子选择至少两个骰子，然后放在器皿（马克杯是个不错的选择）内摇晃。你只需知道孩子选了几个骰子就可以了。

孩子一掷完骰子，你就能立马算出骰子朝上和底部的点数之和了！你是怎么做到的呢？其实只需用骰子数乘以 7 就能得出答案。如果有 3 个骰子，那朝上的和底部的点数之和就是 21。当然，原因在于骰子上相对两面的点数之和一定是 7。

孩子会惊讶于你的计算速度，因而也会想学习这种方法。

──────────── 测一测 ────────────

iv) 连连看

将左右两边得数相等的算式用线连起来。

5×4　　　　8×6

7×12　　　　14×3

6×7　　　　3×18

3×16　　　　2×10

6×9　　　　4×21

探索 12×12 以内的乘法表

在英国采用英制[①]计量单位，且还未步入十进制币制[②]的那个年代，人们需要计算 12×12，因为当时 1 先令等于 12 便士，1 英尺等于 12 英寸。而对现在的孩子来说，这已经是遥远的历史了。在公制体系下长大的他们，只要算到 10×10 的乘法表就好。

当然，在特殊情况下，十二进制还是会出现——在英国，许多人仍然以英寸为长度单位（在美国，英寸是标准计量单位），鸡蛋仍是以半打或一打来出售。

──────────

①英制：单位制的一种。长度的主单位是英尺，质量的主单位是磅，时间的主单位是秒。盎司、码、英亩、加仑等都是英制单位。不再被国际公认，但在欧美等国的日常生活和工业生产中仍被沿用。——译者注

②十进制币制：英国的币制过去一直沿用镑、先令和便士为计算单位，即 1 英镑等于 20 先令，1 先令等于 12 便士。1971 年 2 月 15 日，英国币制改用十进制，先令被废除，1 英镑等于 100 新便士。——译者注

不仅如此，一旦孩子习惯了做大于 10 的乘法计算，他就会对大数相乘有更深的认识。11 和 12 的倍数会呈现出很有趣的规律，如果你学到 10 的倍数就不继续往下学，很可能就发现不了这个规律。以下是 12×12 的乘法表。

1	2	3	4	5	6	7	8	9	10	11	12
2	4	6	8	10	12	14	16	18	20	22	24
3	6	9	12	15	18	21	24	27	30	33	36
4	8	12	16	20	24	28	32	36	40	44	48
5	10	15	20	25	30	35	40	45	50	55	60
6	12	18	24	30	36	42	48	54	60	66	72
7	14	21	28	35	42	49	56	63	70	77	84
8	16	24	32	40	48	56	64	72	80	88	96
9	18	27	36	45	54	63	72	81	90	99	108
10	20	30	40	50	60	70	80	90	100	110	120
11	22	33	44	55	66	77	88	99	110	121	132
12	24	36	48	60	72	84	96	108	120	132	144

举例来说，你会发现，数字 8 在表格里出现了 4 次，36 出现了 5 次。如果你将写有 8 的方格连起来，它们会形成一条平滑的曲线。将写有 36 的方格连起来也会形成一条平滑的曲线。实际上，如果有任何数字出现超过两次，你就可以将它们连起来，形成类似的曲线——如果你把所有这样的曲线都画出来，它们也不会彼此交叉。（这种曲线被称为双曲线）

你可以让孩子自己去探索，这可能——只是有可能——够他忙活半小时、一小时或者更长的时间。打印几张 12×12 的表格，并请孩子做下面的事。

● 把偶数涂成红色，把奇数涂成蓝色。

● 找出出现次数最多的数字。

● 表格上共出现了多少个不同的数字？

● 未出现在表格里的最小数字是多少？ 1～100 之间的数字中，有哪些没有出现在这个表格里？

11 的倍数有规律

在所有的数字中，11 的倍数最好记。

$$1 \times 11 = 11$$

$$2 \times 11 = 22$$

$$3 \times 11 = 33$$

$$4 \times 11 = 44$$

$$5 \times 11 = 55$$

$$6 \times 11 = 66$$

$$7 \times 11 = 77$$

$$8 \times 11 = 88$$

$$9 \times 11 = 99$$

但如果是更大的数字和 11 相乘呢？这里有一个非常有趣的小技巧，可以让你轻松算出 11 和 10~99 之间的任意两位数相乘的乘积。

* 在 10~99 之间，任意挑一个两位数。例如，26。

* 现在把这个两位数字拆开，中间留个空格：2 _ 6。

* 将拆开的这两个数字相加，2+6=8。把算出的这个数字写在中间，就是 286。

这就是答案！　26×11=286。

不过要注意，如果是 75×11 呢？

* 把要乘以 11 的两位数拆开：把 75 拆成 7 和 5。

* 把拆开的两个数字相加：7+5=12。

* 把 12 放在中间，得到 7125 这个答案，很明显，是错的！

哪里出错了呢？问题出在：如果组成两位数的两个数字相加等于 10 或者大

于 10，就有个小陷阱了。在这种情况下，你必须把"1"加到第一个数字上，那么，75×11 不是 7125，而是（7+1）25，也就是 825。

测一测

v) 11 的倍数

请口算下列各题。

a. 33×11

b. 11×62

c. 47×11

游戏　打败计算器

这个游戏是为了让孩子更加熟悉乘法表而设计的。你需要准备：一副拿掉大王、小王和 J、Q、K 的扑克牌，一个计算器。

- 你和孩子先决定谁先使用计算器计算。
- 洗牌后，翻开最上面的两张牌。
- 持有计算器的玩家必须使用计算器算出这两张牌上数字的乘积。就算知道答案，也要使用计算器（是的，这确实有点儿烦人）。
- 另一个玩家必须口算得出答案。
- 先答对的玩家得一分。
- 玩够 10 次后，双方互换。

第九章　乘法表以外的大数乘法

问：萨姆口袋里有 10 元钱，买一个苹果需要 3 元，那他总共能买几

　　个苹果呢？

　　请说明你是如何得出答案的。

答：**3**

尼基告诉我的。

　　在孩子掌握了乘法表之后，就要开始学习更大数的乘法和除法了。在第三章关于笔算加减法的内容中，我们已经了解到，如今学校教的笔算方法跟以前有很大不同。如果孩子用笔算方法做加减法时会出错，那么在进行乘除法竖式运算时，孩子往往更容易犯错。原因在于，在接触乘法竖式运算之前，他已经做过很多大数加减的练习了。因为竖式计算看起来很相似，孩子就会把从加法

中学到的一些规则用到乘法上，遗憾的是，这会导致算出错误答案。因此，学习乘除法，还是要慢慢来——孩子可能自以为懂了乘除法是怎么回事，但实际上可能并没懂。

关于乘法表以外的大数乘法，孩子的疑难点

1. 孩子并没有真正理解乘法的含义，只是用学到的技巧机械地解题，从而导致犯错。

2. 认为乘法就是累加，其实乘法也经常涉及比例问题。

3. 认为乘法都是越乘越大。因此，当孩子发现一个数乘以 $\frac{1}{2}$ 会变小时，会感到难以理解。

用不同方法学习大数乘法

在对乘法表的学习建立起自信之后，孩子就可以开始学习大数乘法了。如果是在几十年前，这就意味着孩子要步入学习竖式乘法计算的阶段了。

有个广为人知的传说，是说在之前的某个年代，学校里几乎所有的孩子都会做竖式乘法题，正确率即使达不到100%，最起码也能达到99%。不过这也只是个传说而已。对于竖式乘法这种简洁而古老的解题方法，一些孩子学起来得心应手，但也有很多孩子学得很吃力。就算有些孩子用这种方法计算出了正确答案，他们往往也弄不太清为什么这种方法会奏效，就像转动黑盒子的手柄，然后黑盒子另一端就神奇地蹦出答案一般。而且，一旦疏于练习，孩子就会忘掉技巧中的重要部分，错误也就趁虚而入了。而还有些孩子，在刚开始学的时候就根本没有弄懂。

现在，学校还在教孩子竖式乘法，不过，一般都是在孩子经历了几个学习阶段，对乘法有了一定的理解之后再教。

传统竖式乘法

用竖式乘法计算 36×24 时，你可能会用下面的方法：

$$\begin{array}{r} 3\ 6 \\ \times\ 2\ 4 \\ \hline 1\ 4\,{}_2 4 \\ 7\,{}_1 2 \\ \hline 8\ 6\ 4 \end{array}$$

一些人（包括我们）当时学习的方法是，要在这里留个空。也有人学习的是，在这里写上一个 0，读作 720。添一个 0 是个好办法，这样能降低接下来计算过程中犯错的概率。

计算步骤是：从右边开始，依序乘以构成 24 的两个数字。计算时，你内心的"独白"可能是这样的："四六二十四，个位写 4，2 要进位；三四十二，加 2 得 14……144。往左移一位，二六十二，1 要进位；二三得六，加 1 得 7……72。"然后，用 144 加 72（实际上是加 720，但在我们给出的例子中，并没有把 0 写出来）来得出答案。

如果能按照运算规则正确计算当然很好，不过可惜的是，有的孩子并不这么算。

孩子的小脑瓜，到底都在想些啥？
——他们是如何得到这些错误答案的呢？

$$
A \quad \begin{array}{r} 3,6 \\ \times\ 3 \\ \hline 128 \end{array}
\qquad
B \quad \begin{array}{r} 36 \\ \times\ 24 \\ \hline 24 \\ 600 \\ \hline 624 \end{array}
\qquad
C \quad \begin{array}{r} 36 \\ \times 24 \\ \hline 24 \\ 72 \\ \hline 96 \end{array}
$$

孩子 A 能正确算出 3×6，把 1 进位，她也记得要在某个时刻把 1 加回去，不过可惜的是，她加回去的时间不对，她想的是："3 加 1 得 4，然后 $3\times4=12$。"

孩子 B 将竖式乘法当作竖式加法来做了。在竖式加法中，需要先将个位数相加，再将十位数相加，从而得到 36+24 的答案。他的逻辑是：乘法也可以这样算——将个位数相乘（$4\times6=24$），再将十位数相乘（$20\times30=600$），最后将这两个数加起来，就是答案了。

孩子 C 没真正明白，24 中的 2 其实代表的是 20，只可惜我们提到的竖式乘法的方法并没帮到他。四六二十四，二六十二，二三得六，他觉得还是这样说比较顺口。

因为孩子常犯诸如此类的错误，所以现在学校换了一种方法来教乘法。

第一步：使用阵列做乘法

在学习大数乘法时，首先要学的就是两位数乘以一位数，比如 3×14。

最基本的方法就是使用阵列（第 91 页）。3×14 可以用下面的圆点阵列来表示：

只要孩子乐意，他完全可以用数圆点的简单方法来计算。不过，如果他熟悉乘法表，就可以将阵列拆分成方便计算的几部分，像下面这样，将 14 分成 10+4：

这样再看的话，很明显，3×14=（3×10）+（3×4），或者说等于 30+12。

第二步：画盒子

画出所有的圆点可能会让孩子想直接用数数来得出答案，那么接下来，要鼓励孩子将圆点阵列用画盒子的方式表示出来，将圆点数量写在盒子的上方和左侧。

3×14 就变成了：

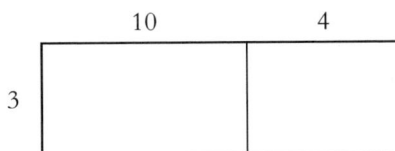

请注意，这不是按照比例画的——没必要那么做。我们现在可以把答案写进刚刚画出的盒子里面，如：

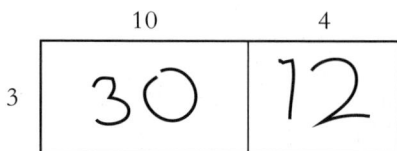

换句话说，3×（10+4）=30+12=42。

第三步：画格子

稍复杂一些的算式也可以用同样的方法来处理，例如，24×36 可以画成：

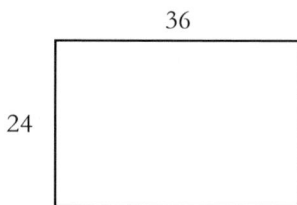

这个大盒子可以拆分成多个代表"几十"和"几个"的部分……

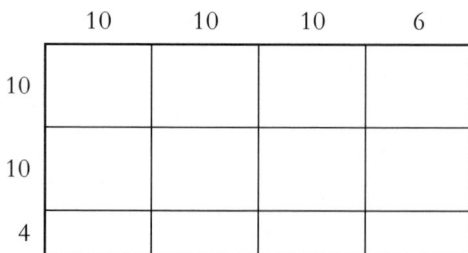

这种方法被称为"格子法"。现在要算出 24×36，你可以将所有格子里的圆点数量相加。

	10	10	10	6
10	100	100	100	60
10	100	100	100	60
4	40	40	40	24

将格子中的数加起来，就能得到答案 864。虽然格子法看起来可能有点儿烦琐，但相对来说，这比一个一个数圆点要快，而且也易于理解。

━━━━━━━━━━━━━━━ 测一测 ━━━━━━━━━━━━━━━

i) 格子法 1

请用格子法计算 23×13。

第四步：用更大的格子来计算

一些孩子很快就会发现，他们可以通过画出更大的格子来节省时间。拆分 24×36 有个更简单的方法，如下图：

	30	6
20		
4		

现在，只需进行 4 步运算：

	30	6
20	20×30	20×6
4	4×30	4×6

只要将格子里 4 部分的计算结果相加就好：600+120+120+24。

第五步：将格子法转变成竖式乘法

在孩子能够比较熟练地使用格子法之后，就可以省略画格子这一步了。他们会用 4 步运算来代替之前格子里的计算：

$$
\begin{array}{r}
3\,6 \\
\times\,2\,4 \\
\hline
6\,0\,0 \\
1\,2\,0 \\
1\,2\,0 \\
2\,4 \\
\hline
8\,6\,4
\end{array}
$$

（20×30）
（20×6）
（4×30）
（4×6）

这和传统的竖式乘法类似，但步骤略多。比较自信的孩子会学习运用竖式乘法的精简版本（第 107 页）来计算。

为什么要经过如此冗长的中间步骤，最后才说到传统竖式计算呢？这是因为，并不是所有的孩子都能理解传统的竖式乘法。对学乘法比较吃力的孩子来说，格子法是一种较为保险的做题方法，他们都能理解解题思路。在做竖式乘法计算时，如果孩子在做到某一步时想不起怎么做或者犯了迷糊，就可以回过头去，转而使用之前学的格子法来查漏补缺。因此，学习格子法并不是为了替代传统竖式乘法，而是要让孩子深入理解传统竖式乘法的来龙去脉。这种循序渐进的学习过程会让孩子认识到"理解数学的本质"与"如何得出正确答案"同样重要。

测一测

ⅱ) 为什么这些答案肯定是错的？

在不进行运算的情况下，怎么知道这些答案肯定是错的？

a. $37 \times 46 = 1831$

b. $72 \times 31 = 2072$

c. $847 \times 92 = 102714$

将格子法用于大数乘法

格子法并非只能用于两位数相乘，你可以把它用于所有乘法计算中——当然，不用说，计算会变得越来越麻烦。

举例来说，134×46，你可以将它写成下面这样：

	100	30	4
40	4000	1200	160
6	600	180	24

如果要计算上千或者更大的数相乘，也可以用格子法，不过，当你的孩子需要计算那么大的数时，他们应该已经学过传统竖式乘法了。

iii) 格子法 2

学校买了 62 本书，每本书 9.47 元，请用格子法算出买书需要花多少钱。

格子法有助于孩子更好地理解代数

虽然接下来要讲的内容孩子在小学阶段还接触不到，但却凸显了格子法另一个很重要的优点。作为家长，你应该记得读中学的时候开始学习用字母代替数字的代数，如（a+b)×(c+d) 这样的表达式。

如果把上面的表达式转换成不带括号的表达式会怎样呢? 不少家长看到这里会很吃惊，他们意识到这和用格子法解答的步骤完全相同。将 (a+b)×(c+d) 设想为 (20+4)×(30+6)，然后想象用格子法将字母表达式写成下面这样，再将各部分相加:

	c	d
a	a×c	a×d
b	b×c	b×d

这和数字的计算是一样的:

	30	6
20	20×30	20×6
4	4×30	4×6

因此，答案就是 ac+ad+bc+bd。由此可以看出，与竖式乘法相比，格子法能更好地帮助孩子认识代数。

第十章　除法

问：有 35 个苹果，每次可以拿走 10 个，那么，要把这些苹果全部
　　拿走，你需要拿几次？

答：

$$35 - 10 = 25$$

$$35 - 10 = 25$$

$$35 - 10 = 25$$

$$35 - 10 = 25$$

$$35 - 10 = 25$$

$$35 - 10 = 25$$

在四项基本数学运算中，除法往往最令人困惑。更让孩子费解的是除法所使用的表达，如"把 3 分成 2 份行不通""除以""分数中，被除数写在除数上面""平分"。除法到底有多重要？为什么人们在计算时会遇到这么多问题？还有，如果除法会让数变小，那为什么计算某个数除以 0.5 时，反而会得到一个更大的数呢？

关于除法，孩子的疑难点

1. 因为没有完全理解除法是乘法的逆运算，所以孩子没有意识到可以用已经学会的乘法来做相应的除法题。例如，如果你知道 7×4=28，那就应该知道 28÷7=4 和 28÷4=7。

2. 认为除法只是"平分东西"（"6 个人平分 42 个苹果"），意识不到除法也是连续减去相同数的减法（"将 42 个苹果放进袋子里，每袋 7 个"）。

3. 认为除法只会让东西变少：5 个孩子平分 35 颗糖，也就意味着每个孩子可以得到 7 颗糖，但实际上仍然是有 5 个孩子和 35 颗糖。在这种情况下，并没有糖果被取走，它们只是被重新排列了而已。

除法是"平分东西"还是"连续减去相同的数"？

通常我们会以"平分"的概念来介绍除法。孩子尤其热衷于平分糖果（总想确保自己拿到公平合理的那部分），因此，面对诸如 48÷8 这类计算题时，孩子通常会把它设想为一个"现实"问题："我有 48 颗太妃糖，我想把它们平均装到 8 个袋子里，每个袋子里要装几颗呢？"

但其实还可以用另外一种方式来解释"平分"这一概念。试将下面这道题与上面那道题相比较："我有 48 颗太妃糖，想把它们分装到袋子里，每袋 8 颗，可以装满几袋呢？"

这也可以用 48÷8 来计算。

这两道题有一个很大的区别。在第一道题中，我们知道总共有多少颗太妃糖，也知道要分成几袋，但不知道每个袋子里最后会有几颗糖。为解决这个问题，你会将 48 颗糖果进行平分——用某些东西代表 8 个袋子，数着"给你一个、给他一个……"，直到把所有的太妃糖都分完。

第二道题的情况略有不同。这次仍然是 48 颗太妃糖，不过，你知道要往每个袋子里装几颗糖，但不知道能装满几个袋子。为解决这个问题，你可以先拿 8 颗装进第一个袋子里，再拿 8 颗装进第二个袋子里，直到把所有的太妃糖都分完。在这种情况下，除法不再解决"平分东西"的问题，而成了连续减去相同数的减法。

对除法的两种不同理解

让孩子熟悉"平分东西"和"连续减去相同的数"这两种对除法的不同理解很重要，原因有以下两点。

首先，将一个问题理解为"平分东西"还是理解为"连续减去相同的数"，对于孩子认为解答这个问题是易是难，有着惊人的影响。就好比在学习减法时，你是将 2001−1998 视为"拿走一部分东西"，还是视为"求两数相差多少"呢？你的思维方式将决定你对这道题难易程度的认知。

教育学家用下面两个例子来研究孩子的不同理解：

$$6000÷6 \qquad 6000÷1000$$

将除法理解为"平分东西"的孩子觉得第一道题很简单——他们可以在头脑中想象有 6 个人，然后给每个人 1000 个东西。但他们会觉得第二道题有难度，因为他们无法想象出 1000 个人。而相对来说，将除法理解为"连续减去相同的数"的孩子，会觉得第二道很简单——他们只需要用 6000 减 1000，连续减 6 次就好。可如果用 6000 连续减 6，那可真要花好久呢！灵活判断什么时候该用哪种类型的除法，能起到事半功倍的效果。如果知道 1000×6=6000，利用乘法和除法互为逆运算的关系，同样也能让计算变得简单。

其次，让孩子熟悉这两种对除法的不同理解的另一个原因是，当他们之后学习分数除法时，还是得把除法理解成"连续减去相同的数"，因为只有这样理解才讲得通。

除以一半

$16 \div \frac{1}{2}$ 是什么意思？ 16 被 $\frac{1}{2}$ 平分？我可以将东西平均分给两个人，但没法分给半个人！

如果换一个角度，将这个问题考虑成"我可以从 16 里减去 $\frac{1}{2}$ 几次？"，那就简单了——答案是 32 次，因为 16 里面有 32 个"一半"。将这个问题与现实生活联系起来能帮孩子加深理解。

有一家比萨店将整张比萨切成两个半张出售。今天这家店一共烤制并卖出了 16 张比萨，请问总共卖出了多少"半张比萨"？

我们会在第十一章详细讨论这个问题。

测一测

i) 数列

下列各数中，每一个数减去它前面一个数的差都相等，你能填出空缺的数吗？

43　□　□　□　7

质数

质数指的是大于 1，且除了 1 和它本身外，不能被其他自然数整除的数。孩子往往是在平分东西的时候，第一次碰到质数，因此，我们将质数放到除法这一章来讲。你可以把质数看作是无法让你平分糖果的数字。如果你有 15 颗糖，你可以恰好平均分给 5 个孩子（每人 3 颗）或者 3 个孩子（每人 5 颗），但如果你有 13 颗糖，你就没法将这些糖果平分——除非你把这些糖果全部都给 1 个孩子或者分给 13 个孩子（每人 1 颗）。

最小的质数为 2（也是唯一的偶数质数），紧接着为 3、5、7、11、13、17、19。数学家们对找出破纪录的大质数乐此不疲，他们知道每次找出新的"最大"质数后，肯定还会发现一个更大的数。（何以见得？早在 2000 年前，一位名叫欧几里得的古希腊数学家就证明过这一点。他的论证极为精彩，但因为对年幼的孩子来说，理解起来有点儿困难，所以此处未引述该论证。）

测一测

ii) 找质数

下列哪些数是质数？

27　37　47　57　67

因数和倍数

因数（也叫约数）和倍数不是一回事，但孩子却常把这两个概念搞混。这两个概念和乘法、除法密切相关，弄懂它们对接下来孩子找到除法计算的捷径很有帮助。

先来说说因数。在乘法里，乘数也叫作因数。举例来说，18 的因数是 1、2、3、6、9 和 18。这些因数可以两两配对：$1×18=18$，$2×9=18$，$3×6=18$。

孩子通常会被要求找出一个数的所有因数，比较好的方法是：从 1 开始，按顺序往下找。每找到一个因数，你就能找到它的"好伙伴"。拿 18 来说，1 是它的因数（"好伙伴"就是 18），2 是它的因数（"好伙伴"就是 9），3 是它的因数（"好伙伴"就是 6），4 不是它的因数，5 也不是，6 是它的因数，相应地，"好伙伴"就是 3……等一下，我们已经找到 3 了，那么现在再接着往下找就没有意义了，只能找到重复的数而已。

任意一对数字都可能有相同的因数。比如说，18 和 27 都有 1、3、9 这几个因数。9 是 18 和 27 的最大公因数。

再来说说倍数。18 的倍数有 36、54、72 以及任意整数乘以 18 得到的整数。

任意两个数都有一个共同的倍数。拿 18 和 25 来说，用 18 乘以 25，你会得到一个 18 的倍数；用 25 乘以 18，也会得到一个 25 的倍数。不过，这两种算法得出的答案是一样的——这个答案也就是这两个数的公倍数。在这个例子中，公倍数是 450。

两个数的公倍数有无限个，例如，6 和 9 的公倍数有 18、36、54……以及更大的数字像 360、1800、90000 等。我们永远都没法知道两个数的最大公倍数是多少，那已经是"无穷大"的领域了，不过，我们可以找出它们的最小公倍数。在这个例子中，6 和 9 的最小公倍数是 18。

iii) 因数分类

将下列各数填入图形中的适当位置。

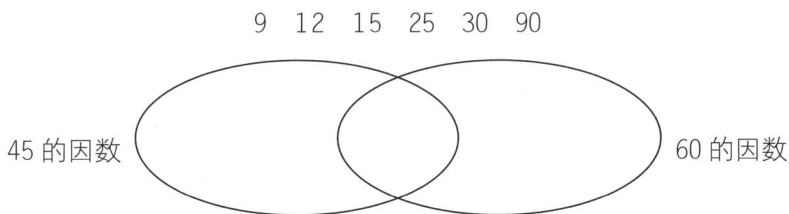

9　12　15　25　30　90

45 的因数　　　　　　　　　　　　　　　　60 的因数

除法：乘法的逆运算

孩子通常是怎样计算 48÷8 的呢？一种方法就是用 48 重复减去 8，直到全部减完。这样做倒也没有错，就是慢了点儿。其实，做除法最快的方法就是熟记乘法表。因此，如果你想帮孩子把除法学好，最好的方法就是，让他对乘法口诀烂熟于心。

你怎么知道 48÷8=6 呢？因为你非常确定：6×8=48。我们认为没有人在真的做除法，相反，人们会凭直觉暗暗问自己：应该乘以多少才能得到答案呢？

游戏 学习用乘法表解决除法问题

你可以在一张 A4 纸上将乘法写成下面的样子：

遮住其中一个数，并尽可能用多种方式和孩子一起描述剩余两个数的关系。例如，我们把 4 遮起来：

- 36 除以 9 是多少？
- 9 乘以多少是 36？
- 36 除以多少才能得到 9？
- 用 36 减 9，减几次才能等于 0？
- 36 可以平分成几个 9？

当你的孩子能很自信地运用乘法表解决除法问题时，他就已经做好学习更深内容的准备了。

整除性检验

所有能被 5 整除的数末位数不是 5 就是 0。所有能被 2 整除的数都是偶数（末位数是 2、4、6、8 或 0）。也可以把这些说法反过来，帮助我们判断一个数能否被另一个数整除。举例来说，只看最后一位数，我们就能知道：872 不能被 5 整除，但能被 2 整除。

除此之外，以下方法对于我们判断一个数能否被 3、6 和 9 整除很有用，虽然这些方法为什么能奏效没那么浅显易懂。

能否被 3 整除：将一个数各个数位上的数相加，当且仅当结果是 3 的倍数时，这个数才能被 3 整除。举例来说，211 各个数位上的数相加等于 4，因而不能被 3 整除；而 174 各个数位上的数相加等于 12，12 是 3 的倍数，那么就能判定——174 可以被 3 整除（174÷3=58）。

能否被 6 整除：如果这个数是偶数且能被 3 整除（见上述判断方法），那么便能被 6 整除。例如，8412 能被 6 整除，因为它是偶数，而且各个数位上的数相加之和为 15。

能否被 9 整除：将一个数各个数位上的数相加，当且仅当结果是 9 的倍数时，这个数才能被 9 整除。因此，442 不能被 9 整除（各个数位上的数相加是 10），而 378 可以被 9 整除（各个数位上的数相加是 18）。

━━━━━━━━━━━ 测一测 ━━━━━━━━━━━

iv）整除性检验

在不进行运算的情况下，你能说出下列哪些算式中的被除数能恰好被除数整除而不留余数吗？

a. 28734÷2   b. 9817÷5   c.183÷3

d. 4837÷9   e. 28316÷6

传统竖式除法

有人曾说："在一生中做过两次竖式除法的人，都算做过太多次了。"

你可能要回想一下，除了辅导孩子做作业，上次做竖式除法是什么时候的事了！很多年前，澳大利亚就将竖式除法从学校课程中去掉了，人们并不觉得有何不妥。在英国，仍有一部分人将竖式除法视作小学数学的顶峰，因而它还会在我们的课程中存在一段时间。517÷24 这个例子能帮你回想起解答竖式除法的经典方法，其中，517 是被除数，24 是除数：

$$
\begin{array}{r}
21 \\
24)\overline{517} \\
48 \\
\hline
37 \\
24 \\
\hline
13
\end{array}
$$

24 没法除 5。

24 可以除 51，商是 2，写在上面。

$2 \times 24=48$，把 48 写在 51 下面。

$51-48=3$，把 3 写在下面。然后将被除数的个位数 7 写下来，变成 37。$37 \div 24$，商是 1，写在上面。

$37-24=13$，因为 13 小于 24，不够除，所以 13 就是余数。

这里我们不再细说传统竖式除法了，原因在于，如果你对传统竖式除法的运算比较自信，那上面的这个例子应该就足以唤起你的记忆了；如果不是这样，还是建议你用孩子现在接触的方法从头开始学习。

英式短除法

计算中，除数较小时，并不是总需要写出完整的计算过程。计算 749 除以 7 时，你可以用"英式短除法"来做。顺便说一句，在英国，这种方法现在有时也被叫作"公交亭候车法"，因为看起来像是一群数字在候车亭里排队等公交车一样。

商

除数

$$
\begin{array}{r}
1\ 0\ 7 \\
7)\overline{7\ 4_4\ 9}
\end{array}
$$

被除数

我们当时学到的"剧本"是这样的：

- 7 除 7 等于 1，写下 1；
- 7 除 4 不够除，写下 0，4 要抄下来；
- 7 除 49 等于 7，写下 7。

答案是 107。

孩子的小脑瓜，到底都在想些啥？
——解释错误的答案

关于上面提到的英式短除法，孩子在计算过程中遇到了如下问题。"埃莉诺想要将一根 749 厘米长的绸带剪成同样长的 7 段，请问每段绸带的长度是多少？"

以下是两个孩子给出的答案，你能看出他们为什么会做错吗？

A $7\overline{)749}$ 上面写 17

    =17

B $7\overline{)749}$ 上面写 101 余2

孩子 A 做题时，可能是这样对自己说的："7 除 7 等于 1，写下 1。7 除 4 不够除，什么都不用写（其实，在这里她应该写下一个 0 的）。7 除 49 等于 7，写下 7。答案是 17。"

孩子 B 内心的"剧本"有可能是这样的："7 除 7 等于 1，写下 1。7 除 4 不够除，商是 0。7 除 9，商是 1 余数是 2，写下 1 和余数。答案是 101 余 2。"

虽然算错了答案，但孩子们的思考过程和正确的思考过程其实差得没有那么多。他们的错误在于，很容易把"写下0"错记成"什么都不用写"，或者认为在4上面写个0之后，就可以直接移到下一位9，以为不用再管4了。毕竟，第一位中的7就是在它上面写了个1之后，就不用再管了。

我们反复强调的一点是：想让孩子在计算中不出错，要鼓励他们将某个数作为一个整体来思考，而不只是看组成这个数的其中一位上的数字。这很重要。通过上面的例子，不难看出：计算时，只看某一位上的数字，往往会出错。

用组块法做除法

如果老师鼓励孩子从根本上弄明白除法是怎么回事，那么我们就会发现，孩子会用下面的方法计算 749÷7 这道题。

这是怎么回事呢？就像乘法可以用展开式的方法来计算一样，在这里，这个孩子将这种方法用于除法计算。她可能是这样考虑的：

- 从 749 里面，我可以得到多少个 7 呢？
- 嗯，100 个 7 是 700，那么这就有 100 个 7 了（这个孩子在右边写下"×100"）。
- 还剩 49。
- 我知道 7 个 7 是 49，那么又有另外 7 个 7 了（她在右边接着写下"×7"）。
- 因此，总共是 107 个 7（用 100 加 7）。

这种展开式的方法有时被称作"组块法"，就是将一个数拆分成大的"组块"，然后看可以减去除数多少次，这种方法也可以用于竖式除法中。

测一测

ⅴ）组块法 1

请用组块法计算 336÷8（也就是说，要从 336 中取走若干个 8 的"组块"或者说 8 的倍数）。

孩子的小脑瓜，到底都在想些啥？

——他们是如何得到这些正确答案的呢？

学校现在仍然会教孩子竖式除法，不过在孩子学习家长当年学过的方法之前，可能已经先学过"连续减去相同的数"或者组块法了。他们的竖式除法运算可能和下面的例子有几分相似。两个孩子用不同方法得到了正确答案，但这两种方法从根本上来说是一样的，也就是"我用 756 连续减 24，需要减多少次才能让得数为 0 呢？"你能看懂他们是如何得出正确答案的吗？

答案是 31 余 12

答案是 31 余 12

孩子 A 很确定 10 组 24 是 240，因此她连续减了 3 次 240，最后剩下 36，之后她又减了一次 24，余数为 12。她的答案是：10+10+10+1 即 31（余 12）。

孩子 B 采用了口算的方法。他的内心独白是这样的："10 个 24 是 240，20 个 24 是 480，30 个 24 是 720，40 个 24 太大了，因此我要减去 30 个 24，之后再减去一个 24。"虽然这种方法比前一种方法要高效一些，但也快不了多少。

在这两个例子中，孩子使用的都是自己比较拿得准的方法，而不是死记硬背的计算步骤。"组块法"之所以渐渐"失宠"，就是因为计算时要用笔写很多东西，导致它看起来比竖式除法要乱一些。但很重要的一点是，要意识到前面提到的例子，尤其是第二个例子的计算步骤，与竖式除法的计算步骤其实是相同的。

我们来看一下如何用组块法和竖式除法来计算 756÷24。

用竖式除法计算的孩子内心独白可能是这样的："24 除 75 商是 3，上面写 3，3 乘以 24 是 72……"但 3 实际上代表的是 30（"我可以用 756 连续减去 30 个 24"）。下一步中，孩子就用 36 减 24，在上面写上 1，因此，可以说，"竖式除法"其实就是精简版的"组块法"。

关于组块法和竖式除法哪种更好，长期以来一直存有争议。可具有讽刺意味的是，除非你的孩子特别不擅长算术，不然等他过了 15 岁之后，这两种方法可能都不会再用得着。不过，这些努力也不会白费的：学习这两种方法时所训练出的数感，对于孩子熟练处理数字问题，尤其是估算大数除法的得数非常有用。

测一测

vi）组块法 2

请用组块法计算 739÷22（也就是说，要从 739 中取走若干个 22 的"组块"）。

游戏 魔法除法

在 100~999 之间任选一个数，将这个数在计算器上输入两次。例如，你选择的是 274，那就在计算器上输入 274274。你输入的这个数恰好能被 7 整除的概率有多大？恰好能被 11 整除的概率有多大？恰好能被 13 整除的概率有多大？

对于上面的问题，我们一般都会认为，选择的这个数不太可能同时被 7、11 和 13 整除，这种想法很合理——毕竟，每 7 个数中才有 1 个能被 7 整除，同样地，每 13 个数中也只有 1 个能被 13 整除。不过，我们可以保证：你输入的这个六位数不仅能被 7 整除，同时还能被 11 和 13 整除。

我们是怎么知道的呢？因为 abcabc 这类形式的数（如 274274）等同于 abc×1001（这里也就是 274×1001）。换句话说，abcabc 肯定能被 1001 整除，那又有哪些数能整除 1001 呢？答案是 7、11 和 13——这些数都是 1001 的**因数**。

因而我们可以保证，不管你选择的是 872872 还是 195195，或者任意 abcabc 形式的数，最后肯定都能被 7、11 和 13 整除。听数学的，准没错！

测一测

vii）为什么这些答案肯定是错的？

在不进行运算的情况下，怎么知道这些答案肯定是错的？

a. 223÷3=71

b. 71.8÷8.1=9.12

c. 161.483÷40.32=41.3

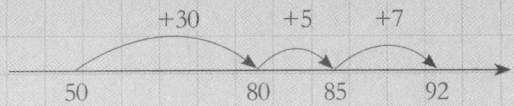

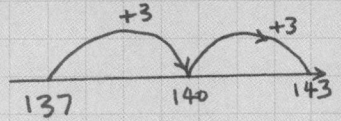

$= 522$

$137 + 6 = 143$

$\dfrac{16}{64} = \dfrac{1}{4}$

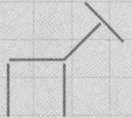

第三部分

算术以外
的问题

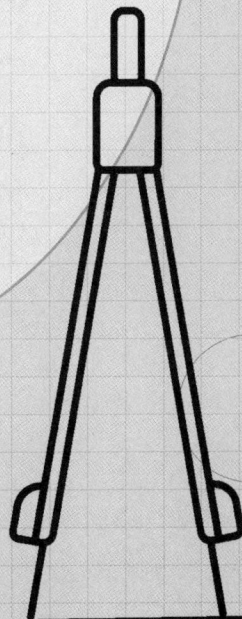

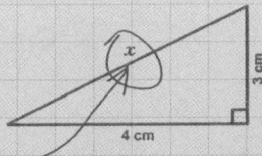

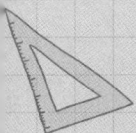

第十一章　分数、百分数和小数

问：请将分数 $\dfrac{16}{64}$ 化简。

答：　$\dfrac{1\!\!\!/6}{6\!\!\!/4} = \dfrac{1}{4}$

这个孩子歪打正着，用充满创意的方法得出了正确答案。可是，这种直接消去数字的方法是行不通的！

　　家长常说，分数是数学中一个比较棘手的概念，不过你的孩子可能在很小的时候就对简单的分数有了一定认识。从两岁开始，孩子就会发现过生日是一件很棒的事，知道自己几岁、下次过生日是什么时候，是很有用的。一个小孩可能会告诉你，他现在两岁半，在完全不了解分数的情况下，他能凭直觉知道，2 岁半比 2 岁大，比 3 岁小。

　　不过，许多家长说，分数是数学学习的一个"分水岭"，学了分数之后，他们和孩子都越来越搞不懂数学了。

关于分数、百分数和小数，孩子的疑难点

1. 认为 "$\frac{1}{2}$" 一定比 "$\frac{1}{4}$" 大（那为什么 10 元的 $\frac{1}{2}$ 没有 100 元的 $\frac{1}{4}$ 多呢？）。

2. 认为如果你把一个东西切成 5 块，那每一块都会是 $\frac{1}{5}$（即使每块的大小各不相同）。在很多孩子看来，"一半" 就等同于 "两块之中的一块"。

3. 认为把一个馅饼分成 4 份，每份一定会是同一个形状。

4. 意识不到 "一半" "0.5" 和 "50%" 代表的是同一个分数。

5. 弄不懂 "第七个"（the seventh，如在队伍中排第七位）和 "七分之一"（a seventh，如和其他 6 个朋友平分一块巧克力时你分得的量）有什么不同。

什么是分数？

分数是一个数学术语，指的是任何一个不是整数，可以表示成一个整数除以另一个整数的值的数。$\frac{3}{4}$（3 除以 4）是一个分数，$\frac{10}{3}$（10 除以 3）也是一个分数。

写在分数线上面的数叫 "分子"，而写在分数线下面的数叫 "分母"。人们常把这两个概念搞混，因此在提到分子、分母的时候，总要一遍一遍地强调 "分子就是上面的数，分母是下面的数"。你可以通过下面这个口诀来帮助孩子记忆："妈妈背娃，分母在下"。

你可能会听到孩子提及以下两种分数。

真分数：指的是分子比分母小的分数，例如，$\frac{3}{7}$ 就是一个真分数。

假分数：指的是分子比分母大的分数，例如，$\frac{11}{5}$ 就是一个假分数。"假分数" 这个名字比较容易让人产生误解，但其实它一点儿也不 "假"。

分母（记住，是下面的数）是 10、100 或 10 的其他次方的分数叫作"十进制分数"。例如，$\frac{1}{10}$、$\frac{3}{100}$ 和 $\frac{17}{1000}$ 都是十进制分数，但我们一般会把它们写作"0.1""0.03""0.017"。其中，有一种特定的十进制分数还有一个我们很熟悉的名字——百分数。百分数是指分母是 100 的分数。百分之七十三，可以被写作"$\frac{73}{100}$"或者"0.73"，但通常会被写作"73%"。本章后面会详细介绍小数和百分数。

同时，你的孩子也会学习带分数，也就是非零整数与真分数相结合而成的分数。例如，有个小女孩说自己"$4\frac{1}{2}$ 岁"，这里的"$4\frac{1}{2}$"就是带分数。

分数的表示

把一张比萨分成大小相等的两块，每块就是 $\frac{1}{2}$；分成大小相等的 3 块，每块就是 $\frac{1}{3}$；分成大小相等的 4 块，每块就是 $\frac{1}{4}$……

孩子往往意识不到"相等"这个词的重要性。如果你把一块饼干掰成两块，即使大小不等，孩子也会把这两块饼干都称为 $\frac{1}{2}$。当然了，他们会急切地想要拿到较大的那个"$\frac{1}{2}$"。因此，你可以通过下面的方法向孩子灌输正确的分数概念：把比萨切成几块，然后问孩子"这是 $\frac{1}{2}$ 吗？"或"这是 $\frac{1}{4}$ 吗？"并把比萨上下叠放以便查看是不是一样大。

用"分食物"的方法解释分数

虽然到最后我们都会将 $\frac{1}{2}$ 作为一个数去认识，但在孩子刚开始学分数时，不时问他"这是什么的 $\frac{1}{2}$？"，对他理解分数这个概念会非常有帮助。

向孩子解释分数这个概念的时候，"分食物"通常是个不错的办法。甚至有一些人认为，发明比萨的初衷就是用来解释分数的，因为将一张比萨平分成 $\frac{1}{2}$、$\frac{1}{4}$、$\frac{1}{6}$ 再正常不过了。其他可以被随手拿来帮助孩子理解分数问题的食物还有袋装的香肠和一板巧克力（几行几列的一大板的那种）。有了这些食物，你就能帮助孩子解决大部分常见的分数问题了。

将分数视为除法计算的结果

要介绍分数，一个很好的方法就是把它们想象成平分食物的结果。

例如：

- 4 个孩子平分 8 根香肠，每人可以吃到多少香肠？
- 4 个孩子平分 3 张比萨，每人可以吃到多少比萨？

我们表述成了"多少香肠"，而不是"多少根香肠"，这看起来有点儿奇怪，因为第一道题的答案是 2，但其实上述两个问题逻辑是一样的：用一个数除以 4。

$8 \div 4 = 2$（根香肠）

$3 \div 4 = \frac{3}{4}$（张比萨）

如果我们将第一道题的答案用分数表示，它们之间的关系会更清楚一些：

$8 \div 4 = \frac{8}{4}$（$=2$）

$3 \div 4 = \frac{3}{4}$

将分数视为除法计算的结果，会对孩子有很大帮助，同时也能让除法变成四则运算中最为简单的运算：

$1234 \div 14 = ?$

答案很简单：$\frac{1234}{14}$。答案其实就藏在题目里！

孩子的小脑瓜，到底都在想些啥?

孩子常用惯性思维看待分数，导致做题时总卡壳。观察下列两道题，你能看出孩子为什么会犯错吗?

第一道题：图 A 的 $\frac{3}{4}$ 被涂上了阴影，请问图 B 中有几个 $\frac{1}{4}$ 被涂上了阴影呢?

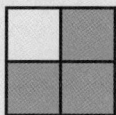
A

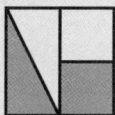
B

孩子的答案：1 个。

第二道题：图 A 的 $\frac{1}{4}$ 被涂上了阴影，请问图 B 中的阴影部分占总图形的几分之几呢?

A

B

孩子的答案：$\frac{2}{4}$。

在第一道题中，孩子以为 $\frac{1}{4}$ 是一个特定的正方形，由于图 A 中有 3 个涂有阴影的正方形，而图 B 中只有一个，因而她认为，图 B 中只有一个 $\frac{1}{4}$ 涂有阴影。

在第二道题中，孩子陷入了一个误区：认为 $\frac{1}{4}$ 是一个绝对值，而不是相对值。正确答案应该是 8 个里面的 2 个，也就是 $\frac{1}{4}$ 的部分被涂上了阴影。

小提示

　　为了让孩子进一步熟悉分数的概念，你可以经常跟他谈论一个东西的几分之几，比如蛋糕的 $\frac{1}{2}$、12 颗糖果的 $\frac{1}{3}$ 等，而不是用抽象的概念来说 $\frac{1}{2}$、$\frac{1}{3}$、$\frac{1}{4}$。而且，你要让孩子建立公平的观念，帮他理解分数代表的各部分大小是相等的。较大的 "$\frac{1}{2}$" 可以出现在下午茶时间，但在数学课里可不行。

平分比萨

　　让两个孩子自己分一张比萨，不过，这样做是要冒一点儿风险的——他们可能会因为哪块比萨更大而吵起来。解决这个问题的经典办法是：让一个孩子来切，让另一个孩子来选——这样两个孩子都会相信，他们各自拿到的比萨至少有一半大。但如果是 3 个孩子分这张比萨呢？

　　最简单、最公平（嗯，几乎公平）的解决方法就是：让第一个孩子切出她认为是 $\frac{1}{3}$ 的量的比萨，拿给第二个孩子。如果第二个孩子认为至少有 $\frac{1}{3}$ 的话，他就接受；如果认为不够 $\frac{1}{3}$，那他可以把剩下的比萨切成两份，然后让第三个孩子选。第三个孩子可以拿走 3 块比萨中他认为最大的那块。如果最先切的那块比萨没有被第三个孩子拿走，那第一个孩子就会拿那一块，如果已经被拿走了，那她可以从剩下的两块中选一块她认为是最大的。这样，最终剩下的那块比萨就是第二个孩子的了。

　　呵，看来事情还真没那么简单呢！不过，所幸每个孩子都拿到了自认为是 $\frac{1}{3}$ 量的比萨。不过也不尽然，这里有一个小问题：如果第一个孩子切的比萨比 $\frac{1}{3}$ 大，而且第二个孩子还接受了的话，那第三个孩子就只有羡慕的份儿了，因为如果他有机会选的话，肯定也会选那一块的。

　　本来只是一个简单的分比萨问题，但放在现实生活中，竟也这么复杂呢！

分数比大小

$\frac{5}{8}$ 和 $\frac{5}{9}$ 哪个大？孩子没法一下看出来。但如果把这两个分数跟给孩子分香肠联系起来，就比较清楚了。分数线上面的数是香肠的数量，分数线下面的数是孩子的数量。

现在，孩子的直觉就能派上用场了。如果你有 5 根香肠，想要分给 8 个孩子，然后又过来一个孩子，那么现在你需要把香肠分给 9 个孩子，那每个孩子分得的香肠是变多了还是变少了呢？当然是变少了。因此，$\frac{5}{9}$ 比 $\frac{5}{8}$ 小。同样地，如果你多烤了几根香肠，假如说现在是 7 根香肠而不是 5 根香肠，分给 9 个孩子的话，每个孩子分得的香肠就会变多。因此，$\frac{7}{9}$ 比 $\frac{5}{9}$ 大。

这种"香肠推理法"是一种用来比较分数大小的简单方法。

测一测

i)"香肠分数"

你能用"香肠推理法"判断出下列每组分数中哪个分数更大吗？

a. $\frac{6}{7}$ 和 $\frac{5}{7}$

b. $\frac{4}{11}$ 和 $\frac{3}{12}$

c. $\frac{3}{5}$ 和 $\frac{4}{7}$

当分子、分母同时增大或减小时，比较分数大小会变得更困难。

游戏 "呆头脑"的骨牌小·故事

将一组多米诺骨牌正面朝下放在桌上，把其中一枚翻面。你可以自行决定将骨牌两部分的两个数组合成一个什么样的分数。然后比比看，谁能用这个分数编出一个最"呆头脑"的小故事呢？

比方说，你翻过来的牌是 ⚂⚄ ，它可以代表 $\frac{3}{5}$，也可以代表 $\frac{5}{3}$（或 $1\frac{2}{3}$）。假定它代表的分数是 $\frac{3}{5}$ 好了。

"5 只饥饿的猴子找到 3 根香蕉，为公平起见，它们把香蕉平分了，那每只猴子分到了多少香蕉呢？"

"今年复活节，我找到了 5 颗彩蛋。我先吃掉了一颗，又吃了一颗，紧接着又吃了一颗，然后我就感觉不舒服了。我在感到不舒服之前，吃掉了彩蛋的几分之几呢？"

分数的化简

如果你想把一张比萨平分给 3 个人，最简单的方法就是分成 3 块，每块 $\frac{1}{3}$。

不过大部分人不是这样分的。$\frac{1}{3}$ 张比萨太大了，拿起来吃的时候会不大方便。那么我们会本能地把它切成 6 块，给每个人 $\frac{2}{6}$ 张比萨。$\frac{2}{6}$ 和 $\frac{1}{3}$ 实际上是一回事，这很明显，在这里似乎不用写出来。不过，这就是将分数化简的基本原理：$\frac{2}{6} = \frac{1}{3}$。分数化简在数学中会经常出现，学习这个技巧就是因为它能简化计算。

分数化简的诀窍在于找到能同时被分数线上面和下面的数整除的数，即最大公因数。例如，化简 $\frac{10}{15}$：

分数线上面和下面的数都能被 5 整除，那么 $\frac{10}{15}$ 可以化简为 $\frac{2}{3}$。

或者，你也可以把分子、分母和它们的因数一起写出，即：

$$\frac{10}{15} = \frac{2 \times 5}{3 \times 5}$$

把分数写成这种形式再对它进行化简会变得非常容易，只要消掉同时出现在分子和分母位置的数就好（在这个例子中，需要消掉两个 5，得到 $\frac{2}{3}$）。

$$\frac{10}{15} = \frac{2 \times \cancel{5}}{3 \times \cancel{5}}$$

如果你不喜欢"把……消掉"这种方法，还可以换一种方法来写这个分数。$\frac{2 \times 5}{3 \times 5}$ 跟 $\frac{2}{3} \times \frac{5}{5}$ 是一样的，也就是 $\frac{2}{3} \times 1$。这样写的话，你就能看出，没有任何东西被魔术般地"消掉"，但计算起来却方便了很多。

🎲 游戏　复杂的分数

在孩子动手化简分数之前，也许先把分数变复杂更能帮到他！例如，在切比萨这个问题上，就可以尝试一点点把分数变复杂：$\frac{1}{3}$ 可以变成 $\frac{2}{6}$、$\frac{3}{9}$、$\frac{100}{300}$ 甚至 $\frac{1000}{3000}$。那得切多薄呢？我们傻里傻气地把分数变成上面那么多种形式，就是为了让孩子明白一点：看起来不一样的分数是可以用来表示同一数量的。这个概念不好理解。举例来说，36 和 12 是完全不同的两个数，代表的数量有很大差别，但若把组成它们的数字写成分数的形式，即 $\frac{3}{6}$ 和 $\frac{1}{2}$，代表的数量却相等。因此，分数可以在代表的数量大小不变的情况下，用更复杂的形式来表示。当孩子熟悉了这一点，他就能在遇见复杂的分数时，主动思考能不能将它化简。

ii) 化简特大分数

请通过消掉分数线上面和下面的数，来化简以下分数：

$$\frac{49 \times 48 \times 47 \times 46 \times 45 \times 44}{6 \times 5 \times 4 \times 3 \times 2 \times 1}$$

附加题：你能看出这个分数代表什么吗？

难以比大小的分数

有一些分数，用平分香肠的方法也很难比较出到底哪个更大，如 $\frac{3}{5}$ 和 $\frac{4}{7}$。遇到这种情况，可以用平分巧克力块的方法来比较两个分数的大小。想象你有一板巧克力，它可以被平分成 5 份，也可以被平分成 7 份，也就是说，这板巧克力的小巧克力块总数肯定能被 5 和 7 整除。因此，这板巧克力应该有 5 行 7 列，如下图：

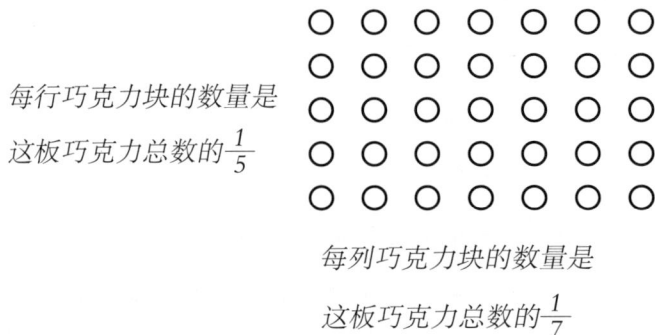

每行巧克力块的数量是这板巧克力总数的 $\frac{1}{5}$

每列巧克力块的数量是这板巧克力总数的 $\frac{1}{7}$

也就是说，这板巧克力总共有 5×7 即 35 个小巧克力块。现在再算 $\frac{3}{5}$ 是多少个小巧克力块就好算了，3 个 $\frac{1}{5}$ 或者说 3 行，也就是 21 块。$\frac{4}{7}$ 是 4 个 $\frac{1}{7}$ 即 4

列，也就是 20 块。因为 $\frac{21}{35}$ 比 $\frac{20}{35}$ 大，因此，$\frac{3}{5}$ 比 $\frac{4}{7}$ 大（一点点！）。

运用平分巧克力块的方法，你可以把异分母的分数变成同分母（即"公分母"）的分数，这样不仅方便分数的比较，还能进行分数的加减。

分数相加

你可以用平分巧克力块的方法把两个分数相加。比方说，计算 $\frac{3}{4} + \frac{4}{5}$ 时，先找出公分母。在这个例子中，公分母就是 4×5=20。

- $\frac{3}{4} = \frac{3 \times 5}{4 \times 5} = \frac{15}{20}$

- $\frac{4}{5} = \frac{4 \times 4}{5 \times 4} = \frac{16}{20}$

- 把它们相加，得到

  $\frac{15}{20} + \frac{16}{20} = \frac{31}{20}$（$\frac{31}{20}$ 不能再化简，不过，你可以把它写成 $1\frac{11}{20}$）

测一测

iii) 用平分巧克力块的方法解决分数问题

a. $\frac{2}{3}$ 和 $\frac{7}{11}$ 哪个大？

b. $\frac{2}{3} + \frac{7}{11} = ?$

分数的用途

孩子碰到的许多问题都会涉及分数。分数不仅能用于表示整体的一部分，如"$\frac{3}{4}$ 张比萨"；同时，把 $\frac{3}{4}$ 作为下面几个问题的答案，也是完全说得通的：

- 4 个饥饿的孩子平分 3 张比萨，他们每人可以吃到多少比萨？
- 白点个数占总点数的几分之几？

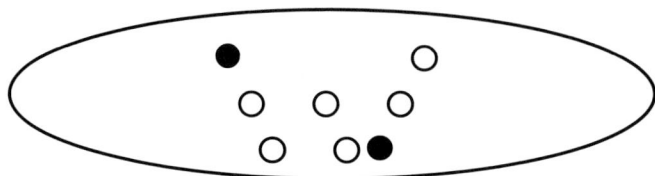

- 黑点个数和白点个数的比值是多少？

- 从我家到外祖父母家有 3 千米路程，而到舅舅家有 4 千米路程，我到外祖父母家的路程是我到舅舅家路程的几分之几？
- 海豚宝宝每吃 3 条小海鱼，海豚妈妈就能吃掉 4 条小海鱼，海豚宝宝与海豚妈妈吃掉的小海鱼的数量的比值是多少？
- 萨利姆抛掷两枚硬币，两枚硬币不同时正面朝上的概率是多少？
- 数轴上箭头所指的值应为多少？

iv) 智者与骆驼

一位老人临终前将他的 17 头骆驼留给了自己的 3 个儿子，但他决定不将它们平分。他在遗嘱中写的是：大儿子得 $\frac{1}{2}$，二儿子得 $\frac{1}{3}$，小儿子得 $\frac{1}{9}$。当他的 3 个儿子们分配这些骆驼时，却发现了一个问题——17 没法被 2、3、9 整除。因此，若要遵从父亲的遗愿，他们就不得不杀掉几头骆驼，尽管他们也不想这样做。(当然了，骆驼更不想。) 一位智者听说了他们的困境。"别担心，"这位智者说，"我这里有一头骆驼，你们拿去吧，这样正好有 18 头骆驼，你们就会很好分了。"哥仨很高兴，因为现在他们就可以在不杀骆驼的前提下进行分配了。大儿子牵走了属于他的 $\frac{1}{2}$ 的骆驼 (9 头)，二儿子牵走了属于他的 $\frac{1}{3}$ 的骆驼 (6 头)，小儿子牵走了属于他的 $\frac{1}{9}$ 的骆驼 (2 头)。哥仨坐下来一合计：9+6+2=17，剩下一头骆驼。"现在你们已经按照父亲的遗愿将骆驼分好了，我也要把我自己的骆驼带走了。"智者说道。3 个儿子抓耳挠腮，想不明白智者是如何做到的。你能搞清楚吗？

分数相乘

在小学阶段，孩子只会碰到一些简单的分数乘法，比如 $\frac{1}{2} \times \frac{1}{3} = \frac{1}{6}$。不过，生活中我们有时需要计算稍复杂一些的分数乘法，这个时候，知道该如何计算总归是没有坏处的。比方说，烹饪时，你可能想要一定量的食材：一盎司的 $\frac{3}{8}$ 的一半。在这里，后面这个 "的"字便是在提示我们需要用到乘法。当你听到 " $\frac{1}{3}$ 的""20% 的"这样有 "的"字的表述时，你就需要用到乘法了。

你会如何计算 " $\frac{4}{7}$ 的 $\frac{1}{3}$ "呢？平分巧克力块的方法可以帮你进一步理解。图中所有涂了色的圆圈（灰色圆圈和黑色圆圈）代表 $\frac{4}{7}$，其中黑色圆圈代表

$\frac{4}{7}$ 的 $\frac{1}{3}$。

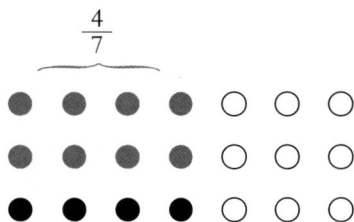

因此，$\frac{4}{7}$ 的 $\frac{1}{3}$ 是 $\frac{4}{21}$。

以 $\frac{1}{3} \times \frac{4}{7}$ 为例，分数乘分数的技巧就是：

- 分子与分子相乘（$1 \times 4 = 4$）；

- 分母与分母相乘（$3 \times 7 = 21$）。

可以将计算过程写成：

$$\frac{1}{3} \times \frac{4}{7} = \frac{1 \times 4}{3 \times 7} = \frac{4}{21}$$

分数相除

$\frac{1}{2} \div \frac{1}{3}$，答案是多少？

你可能会隐隐约约或者非常清晰地回忆起像"上下颠倒"这类的表述。一位妈妈告诉我们，她念书时，老师教的规则是：

"不用知道为什么，颠倒相乘就好了。"

- 也就是说，$\frac{1}{2} \div \frac{1}{3} = \frac{1}{2} \times 3$（先相信我们吧，是这样算）；

- 然后 $\frac{1}{2} \times 3 = \frac{3}{2} = 1\frac{1}{2}$；

- 那么，$\frac{1}{2} \div \frac{1}{3} = 1\frac{1}{2}$。

如果你认定这个规则是正确的，必须要这样算的话，这样做是没有问题的。不过，请想一下，我们从 $\frac{1}{2}$ 开始算，最后按照既定的规则得到 $1\frac{1}{2}$，大多数人看到这个结果，会说："看吧，你只需要死记硬背公式就好了，这就是数学开始变得毫无意义的时候了。"

现在我们把这个问题放到现实生活中来看。假设食谱上说，要制作能烤出一炉薄饼的面糊（先别考虑需要用到的鸡蛋和面粉）需要 $\frac{1}{3}$ 升的牛奶，那 1 升牛奶可以制作几炉薄饼的面糊呢？答案是：3 炉。

你怎么知道的呢？因为 1 升可以分成 3 个 $\frac{1}{3}$ 升。"8 可以分成 4 个 2"，这是个除法问题（$\frac{8}{2}$ =4），类似地，"1 可以分成 3 个 $\frac{1}{3}$"也是个除法问题：$1\div\frac{1}{3}$ =3。

现在，$\frac{1}{2}\div\frac{1}{3}$ 的答案就比较清楚了：

- $1\div\frac{1}{3}$ 表示 1 里面有 3 个 $\frac{1}{3}$；
- $\frac{1}{2}\div\frac{1}{3}$ 就是 3 个 $\frac{1}{3}$ 的一半，也就是 $1\frac{1}{2}$ 个 $\frac{1}{3}$。

小数和百分数

人们通常认为，小数和百分数跟 $\frac{1}{2}$、$\frac{3}{4}$ 等分数总是有些不同，一部分原因在于它们的写法不同：无论是 0.5 还是 50%，看起来都和 $\frac{1}{2}$ 非常不一样。但从本质上来说，它们表达的含义是一样的。那为什么要用好几种不同的表达方式让事情变得这么复杂呢？如果它们表达的都是 $\frac{1}{2}$ 的含义，那为什么不直接写 $\frac{1}{2}$ 呢？这是因为小数和百分数能让分数的比较和计算变得容易。还记得之前比较 $\frac{4}{7}$ 和 $\frac{3}{5}$ 有多费事儿吗？而用小数和百分数进行比较的话，就容易得多。

孩子的小脑瓜，到底都在想些啥？

请将这些数按从大到小的顺序排列：0.8 0.65 0.6

孩子的答案：0.65 0.8 0.6

这个孩子认为这些数看起来很像65、8、6，因此就把65（0.65）排在了第一位。解决这个问题的方法是，把小数部分的各个数字放在各自的数位上，如果某个数位上没有数字，就用0占位：

	十分位	百分位	千分位
0.8	8	0	0
0.65	6	5	0
0.6	6	0	0

这样就很自然地跟十、百、千的位值概念联系在一起了，小数比较就变得容易多了。

百分数问题

使用百分数是为了简化小数，尤其是为了更为简便地比较小数的大小。百分数能把分数变成我们熟悉的0~100之间的数字。可以说，百分数已经成为分数的"代言人"了：从描述利率、通货膨胀率、失业率的资料到你能想到的各种统计资料上，到处都有它们的影子。不过，百分数却着实让家长和孩子感到头疼，这又是为什么呢？

问题主要在于百分数有其"本身意义"。160的20%是多少？80的25%是多少？类似这样的计算题会让人忍不住想问为什么。确实，人们发明百分数的初衷是将两个东西进行比较，如果出于这样的原因去使用百分数，的确会更有意义。

假设珍妮法语考试的成绩是$\frac{21}{25}$，意大利语考试的成绩是$\frac{16}{20}$，那她哪一科考得更好呢？孩子常犯的一个错误就是，认为两科成绩一样——毕竟，这两科考试她丢掉的分数都是 4 分。如果我们把题目中的数字置换成两个相差比较大的分数，就能发现孩子犯的错有多明显。答对 $\frac{1}{10}$ 的题与答对 $\frac{91}{100}$ 的题是一样的吗？比较这两科的成绩的一个好办法便是将这两个分数转化成以 100 为分母的分数（百分数）。$\frac{21}{25}$ 可以转化成 $\frac{84}{100}$，$\frac{16}{20}$ 可以转化成 $\frac{80}{100}$，现在，不难看出，珍妮法语考得更好。

孩子（和家长）的脑瓜，到底都在想些啥？

关于百分数，有 3 个问题经常会让孩子感到困惑。实际上，家长又何尝不是这样？这 3 个问题如下。

（1）百分数不只用于简单分数的加减计算，也用于描述事物的增减。举例来说，假设一个工厂宣布将商品涨价 5%。假定是在 48 元的基础上涨价 5%，那么用 48 乘以 $\frac{5}{100}$（答案是 2.4），再与原数字相加（48+2.4=50.4），就可以算出涨价后的商品价格。

（2）通常，我们认为"100%"就是"全部"，但我们会听到说一个东西"增加了 200%"，这又是什么意思呢？足球运动员说他们会"110% 效忠于球队"，又该怎么理解呢？实际上，百分数可以是任意值，因为我们知道百分数代表的是"除以 100"，不过，我们常误以为，如果一个东西增加了 200% 就是翻一番。事实上，100 元增加 200%，意味着增加 200 元，也就是 100 元乘以 3。

（3）最大的陷阱要属计算器上的百分比按键了，我们会在第 211 页的"用计算器解决数学问题"一章中再做讨论。

小提示

在日常生活中，你常常会碰到下面的百分数问题："这个价钱再打 30% 的折扣是多少？"为方便计算，你可以先算出它的 10% 是多少。比方说，120 元的 10% 是 12 元，这样，计算更大或更小的百分数时，你就可以按比例增减了。因此，120 元的 5% 就是 12 元的一半，也就是 6 元；120 元的 30% 就是 12 元的 3 倍，也就是 36 元。

──────────────── 测一测 ────────────────

v) 百分数

a. 最近的一次调查显示，220 位家长中，有 33 位家长不赞成学校的校服政策，这些家长占百分之多少呢？

b. 前些日子，你以原价 450 元买了一台烤面包机，而夏季大促销期间，购买相同的烤面包机可享受 40% 的折扣。请问烤面包机的促销价是多少？

c. 你家附近的商业街有一家店铺正在进行大酬宾活动，顾客有两个选择：在原价的基础上享受 10% 的折扣，再加上增值税；或者先加上增值税，然后再享受总价 10% 的折扣。你会选择哪种优惠方式呢？（为方便计算，假定增值税是 20%。）

第十二章 图形、对称和角

问：请圈出这个不规则五边形中的直角（right angle）①。

答：

左边
的角

右边
的角

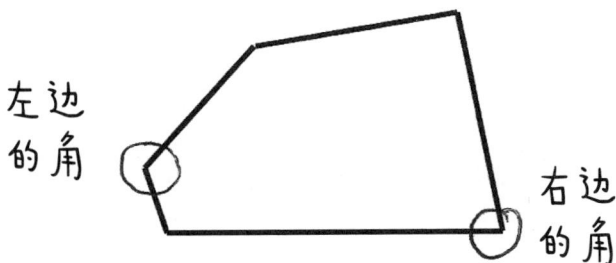

图形和角——或者说，古希腊人发明的几何学——是古典数学的开端。三角形、五边形等图形不仅可以构成美丽的图案，还可以为数学与视觉艺术的融合奠定基础。图形会涉及大量的逻辑推理和视觉化思维，因此对孩子来说，学习图形的知识可能会是很大的挑战。数学家不仅对图形本身感兴趣，还对如

————————

①孩子不知道 "right angle" 是一个数学术语，表示 "直角"，他按字面意思理解成了 "右边的角"。这不，他在答案中圈出了 "右边的角"，还捎带着圈出了 "左边的角"！——译者注

何描述图形的空间位置感兴趣。这一点在数学中极为重要，使得人类能成功登上月球探索宇宙空间。在这一章中，孩子也会学到有关地图和图表的核心内容——坐标系。

关于图形、对称和角，孩子的疑难点

1. 认为角的大小取决于两条边的长短。

角 A   角 B

（在这里，孩子认为角 B 比角 A 大。）

2. 意识不到正方形一定是矩形（但矩形不一定是正方形）。

3. 认为六边形都长这个样子：

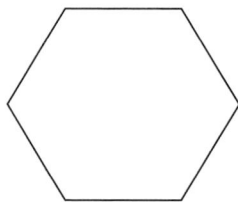

认为下图不是六边形：

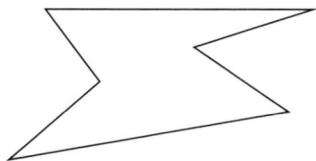

图形的名称

规则图形，像正三角形、正方形、正五边形等，自古希腊开始就出现在数学中。它们的命名很有特点。以下 7 个图形的英文名称是直接由希腊数字转化而来的。

边数	希腊数字	形状的英文名称	形状的中文名称
3	Tria	Triangle	三角形
5	Pente	Pentagon	五边形
6	Hex	Hexagon	六边形
7	Hepta	Heptagon	七边形
8	Okto	Octagon	八边形
10	Deka	Decagon	十边形
12	Duodeka	Dodecagon	十二边形

四边形的英文名称为 quadrilateral，正方形的英文名称为 square，这两个词都来自拉丁语，它们都和 "quad"（四）这个词有关。九边形和十一边形比较少见，很少有人知道它们的英文名称。需要指出的是，这两个词既可以说成 enneagon 和 hendecagon，也可以说成 nonagon 和 undecagon，看你是喜欢用希腊语还是拉丁语来命名了。

"gon" 来自希腊语中的 "gonu"，意为 "膝盖"，因为膝盖可以弯成一个角，所以后来人们就用它来描述角。因而，六边形（hexagon）就是一个有着 6 个 "膝盖" 的形状。如果一个图形的各边长度相等，且角度相同，我们就说它是一个正 n 边形，比方说，下面就是一个正六边形：

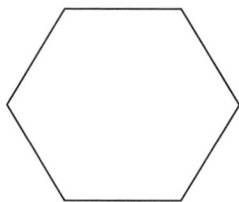

而下面这两个六边形就不是正六边形了：

有多条边的图形被称为"多边形"（polygon），你也可以跟孩子开玩笑说"polygon"就是"Polly gone"[①]。

游戏　我是大侦探，我发现了……一个六边形

在家里、大街上或者外出游玩的时候，总能看到一些有趣的图形。在我们身边，图形随处可见。如果你环顾整个房间，不难发现长方形和圆形，不过，其他的图形可能就没这么常见了。你可以把寻找图形变成"我是大侦探"的游戏，找到不同的图形能得到不同的分数。开车出去的时候，你可以让孩子试着找找图形。

路标和屋顶是最容易发现三角形的地方。不过出人意料的是，在室内很难发现三角形。转角楼梯和三孔插座是两个三角形的例子。**分数：1分。**

---

①此为谐音笑话，Polly 是英文课本中一只鹦鹉的名字，"Polly gone"就是"鹦鹉飞走了"。
——译者注

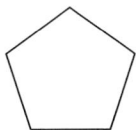

五边形的物品或建筑不是很常见（著名的美国五角大楼是个罕见的例子）。不过，如果你留心，还是可以在不少常见的物品上找到它们的。大多数足球表面都有五边形图案（第 164 页）。把一个苹果拦腰切成两半，它里面的 5 颗果核会形成一个正五边形。将一根没剥皮的香蕉横着切开，横截面就是一个不规则五边形，且它的 5 条边略有弧度。将一条细长的纸条简单地打一个结，然后慢慢拉紧、压平，就能得到一个正五边形（把它拿到光源下看可能会更清楚些）。**分数：5 分**。

蜂窝是由正六边形组成的，不过你平常也不总是能看到蜂窝里边是什么样的。如果你把一个骰子或者其他的立方体拿起来，倾斜一点儿，让其中一个角对着你，你就会看到，这个立方体的轮廓是个六边形。大多数足球上都有六边形图案。厨房和餐厅里的许多酒杯底座也都是六边形的。还有，大部分铅笔都是六棱柱——现在很多装巧克力豆的包装盒也是。**分数：4 分**。

在英国，可能你能看到七边形的地方只有 20 便士和 50 便士的硬币了，它们都是接近圆形的七边形。边数是奇数的硬币都有一个固定的直径，因此可以在自动售货机上使用，无论你怎么放入硬币，机器都能识别硬币的尺寸。**分数：10 分**。

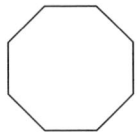

常见的停止标志牌就是一个八边形。将八边形和正方形搭在一起曾经很流行，这种搭配常见于维多利亚风格的壁炉和铺有地板砖的人行道上，因此你可能会在公共建筑物的地面上看到。你家附近的露天音乐演奏台可能也是八边形的。它也可能是六边形的，不过比较少见，至于其他的形状就更少见了。教堂和其他比较宏伟的建筑物通常也会有八边形的空间——因为八边形其实是把角去掉的正方形，这样的建筑建造起来比较容易。在室内的话，你可以找找看有没有螺旋状的化妆品瓶盖或者修正液的瓶子，或许也可以找到八边形。**分数：5 分**。

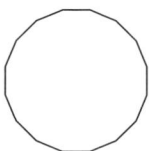

八条边以上的图形比较少见，你可能会在某些特别的酒杯和建筑物，或者偶尔在外币上见到：加拿大的一元硬币（loonie）就是比较罕见的十一边形；澳大利亚的 50 分硬币，英国在采用十进制币制之前曾使用过的 3 便士硬币，形状都是十二边形。我们曾经在露天游乐场发现了一个底座是十二边形的旋转木马。这些图形之所以这么少见，是因为它们十分接近圆形——这些多边形的直边制作起来很费事，相比之下，圆形就简单多了。**分数：20 分**。

镶嵌——将图形拼接起来

许多规则的图形可以拼接到一起，用于铺设地板砖，制作马赛克画、拼布被以及其他装饰用品。像这样将几种图形拼接在一起，叫作图形的"平面镶嵌"。开始学习图形拼接代表着孩子开始接触更多的几何学知识，而对喜欢做手工的孩子来说，这更是数学中最吸引他的部分。作为家长，你可以让孩子在没意识到自己在学数学的情况下学数学。

最常见的图形镶嵌就是正方形和长方形拼在一起，比方说，你可以看看厨房的地板、墙壁和户外的人行道。不过，用其他的图形来拼接会更有趣。

你可以用任意一种大小一样、形状相同的三角形地板砖来铺设地面，只要让两个三角形最长的那条边重合就好：

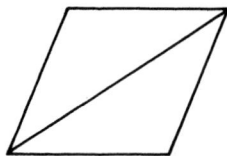

也可以用任意一种大小一样、形状相同的四边形地板砖来铺设地面，如正方形：

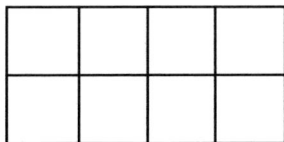

又如，不规则四边形：

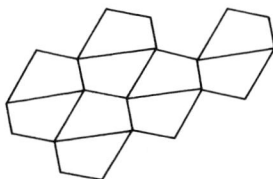

电影《星际迷航》（*Star Trek*）的徽章也是可以镶嵌的，只要它们的每条边都是直的就可以：

要是蜜蜂会说话，它一定会告诉你，正六边形也是可以镶嵌的：

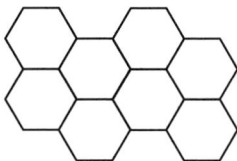

用正五边形镶嵌的话就比较尴尬了，因为中间会出现空隙：

尴尬的空隙 ⟶

不过，一些不规则的五边形却是可以镶嵌的。实际上，有个简单的方法可以判断一个五边形可否镶嵌：只要有两条边互相平行就可以镶嵌。举例来说：

这两条边互相平行

下面这种地板砖在镶嵌的时候会形成一种非常有趣的、近似于 3D 视觉效果的图案：

小提示

面团切割器通常都是圆形的，这样就会剩下好多"边角料"面团，需要再重新擀。为什么不试着做些形状可以镶嵌的饼干呢？现在，你也能找到一些三角形、钻石形甚至六边形的面团切割器。要想尽可能不浪费面团（可能会剩一点面团边），那就做些六边形的饼干吧。吃到成品的时候，保准你会心满意足！还有，橡皮泥也可以这么玩哟。

测一测

i) 铺满地板砖的地面

想象地面上铺满了六边形的地板砖，你需要多少种不同颜色的地板砖才能确保相邻的地板砖不同色？

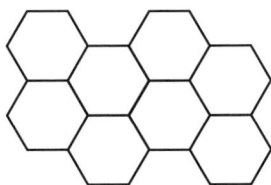

柏拉图立体[①]

正三角形、正方形和正五边形可以构成被称作"柏拉图立体"的立体图形。柏拉图立体总共有 5 种，其中 3 种是由三角形构成的。

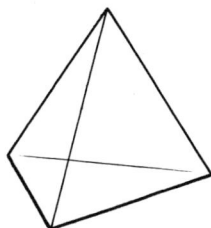

四面体（Tetrahedron）：由 4 个三角形构成。

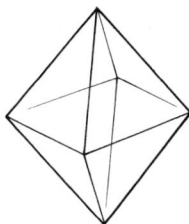

八面体（Octahedron）：由 8 个三角形构成。

二十面体（Icosahedron）：由 20 个三角形构成。

---

①柏拉图立体：The Platonic Solids，又叫正多面体，是由古希腊哲学家柏拉图发现的。柏拉图证明了正多面体只可能有 5 种，即四面体、六面体（立方体）、八面体、十二面体和二十面体。——译者注

另外两种柏拉图立体是立方体和十二面体。

六面体（Cube）：由 6 个正方形构成。

十二面体（Dodecadhedron）：由 12 个正五边形构成。

从展开图到立体图

将平面图形折叠成立体图形是小学数学的一个知识点。7 岁的孩子会遇到展开图的问题，也就是将一个纸箱展开然后铺平，或者将连在一起的多边形平面展开图折叠成一个立体图形。到 11 岁时，孩子不光要学习立方体的展开图，还要学习棱柱体（如瑞士三角牌巧克力的包装盒）以及其他规则物体的展开图。

下面两个平面展开图都可以折叠成一个立方体。

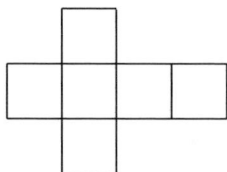

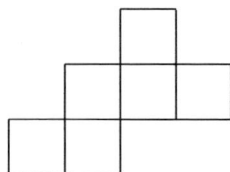

但是，将平面展开图折叠成一个立方体，不是把 6 个正方形随便粘在一起就行。比方说，下面这个展开图就不能形成一个完整的立方体。

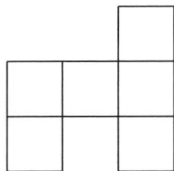

不管怎么折叠，它总会有两个面是重叠的。

你觉得在头脑中将平面图形转化成立体图形难吗？如果觉得很容易，那么，你很幸运。大多数孩子（和家长）只有在动手把展开图折叠成实物之后，才知道这个展开图能否形成一个立方体。在课堂上，老师通常会给孩子时间进行实际操作，把展开图折叠起来。不过，到了考试的时候，孩子就只能在头脑中想象了。孩子只能通过不断练习来巩固这个知识点。

小提示

在家里的时候，你可以把一个麦片盒剪成 6 个长方形，然后尝试用不同的方式把各个部分粘起来，再将得到的平面展开图折叠，把盒子还原成之前的样子。还原的方式多得让你惊讶！

有些人以设计展开图为生，比如那些设计出印制在麦片盒（需要把折边塞到缝隙里的那种）背面的 3D 物体的设计者。你可以从他们身上找找灵感，把制作展开图变成家里一个有趣又有创意的活动。你可以用几片硬纸板自制一个骰子，或者做一个折叠式的百宝箱（半圆拱形的顶部也要有）。为什么不玩得再尽兴一点儿？和孩子做一些让人惊叹的东西吧！你能相信下面这个由三角形构成的展开图，折叠起来会成为一个二十面体吗？每个家庭都应该有一个地球仪，但如果你家的地球仪是用展开图折叠而成的，是不是很酷？（像这样的展开图很容易在网上找到。）

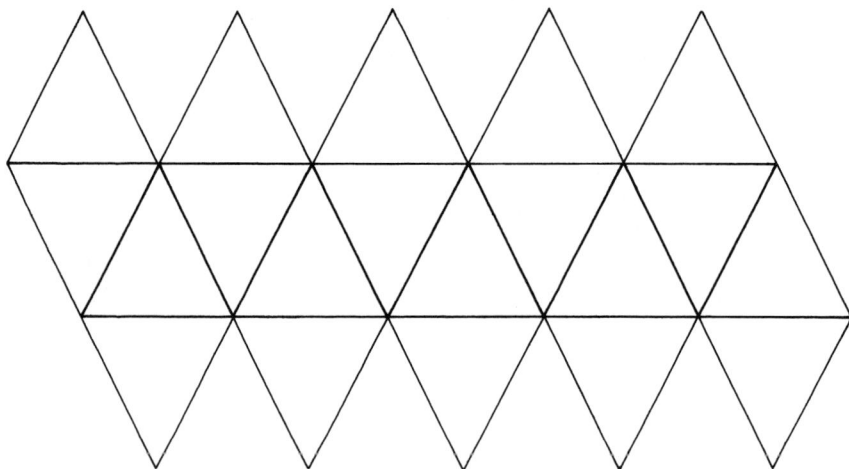

測一測

ii) 奇怪的展开图

下面这个展开图折叠成实物后会是什么样子呢?

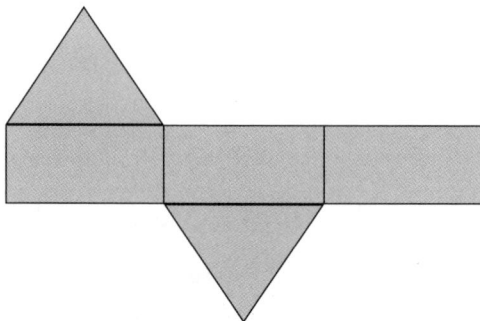

足球是由六边形构成的吗?

我们都知道足球长什么样子——你肯定也知道，就像你在体育用品店能买到的那种，上面有黑白相间的图案。但你能在不看着实物的情况下把它画出来吗？

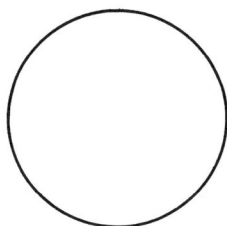

大多数家长在尝试之后都会画成这个样子：

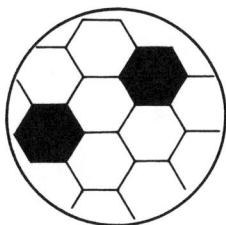

似乎……哪里不太对。原因在于大多数人都认为足球全是由六边形组成的。插画家、漫画家，甚至设计足球场指示牌的人，也会犯同样的错误。你去看看那些足球俱乐部的指示牌，就知道我在说什么了！正六边形只有在平面图形中才能完美地拼接在一起，如果你试图用六边形做出一个足球，那这个足球表面肯定会有多处隆起和褶痕。

真正的足球是这个样子的：

因此，足球实际上是由六边形和五边形共同构成的——准确地说，是由 20 个六边形和 12 个五边形构成的。

你可以把一个二十面体做成足球。二十面体有 20 个三角形平面，每 5 个三角形平面会形成一个顶角，因此总共有 12 个顶角。如果你剪掉一个顶角，就会形成一个五边形。

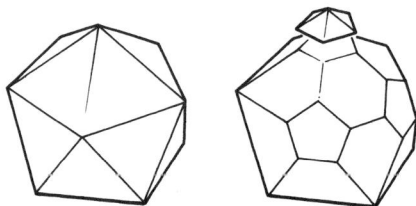

将 12 个顶角都剪掉的话，你就会看到一个熟悉的图形了。

剪掉各个顶角之后得到的这个立体图形被称作"截角二十面体"，不过，大多数人只知道它叫足球。

游戏 我是大侦探，我发现了3D图形

你可以将之前的"我是大侦探"升级为寻找规则的 3D 图形的趣味游戏。和圆有关的图形最为常见：球体和圆柱体随处可见，如球、水管、食物包装、扫帚把等。立方体也很常见，尤其是小的立方体，像方糖、骰子等。大多数屋顶都是三棱柱状的，瑞士三角牌巧克力也是。但棱锥体算是比较难找的，像十二面体这

样的 3D 图形就更罕见了。

常见的 3D 图形

球体
(Sphere)

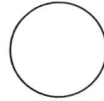

圆柱体
(Cylinder)

立方体
(Cuboid)

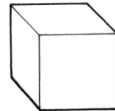

四棱锥
(Square-based pyramid)

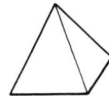

圆锥
(Cone)

角

人类早期想要测量角的原因之一，就是想要研究天体。将一个圆分成 360"度"的这种方法，是古希腊人首创的。为什么是 360 而不是 100 呢？没人能给出确切的答案，一个比较可信的解释是：2~12 的数字中，360 恰好能够被 2、3、4、5、6、8、9、10 和 12 整除，而不会产生烦琐的余数或者分数。而 100 只能被 2、4、5 和 10 整除。因为分数在古希腊时代并不常见，所以有这样一个能轻易就被整除的数字很有用。

360 非常接近一年当中的天数，那么从生命周期这个角度来说，取一个近似的整数来表示圆的度数倒也合情合理。

如果 360 度代表的是一个完整的圆，那在半圆里转一圈就一定是 180 度了。

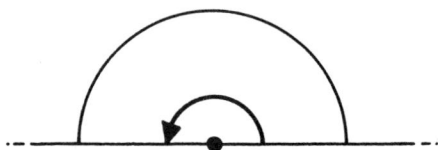

直角、锐角和钝角

四分之一个圆是 90 度，通常被称为直角。常见的标示方法是：画两条互相垂直的线，形成一个小正方形。

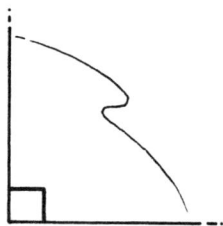

大于 0 度而小于 90 度的角叫作锐角，大于 90 度而小于 180 度的角叫作钝角。还有，大于 180 度的角叫作优角——不过，怕是没多少人知道这一点。

游戏 直角寻宝

你可以用一张废纸制作一个结实耐用的"直角测量仪"，在家里组织一次"直角寻宝之旅"。拿出一张纸，先把它对折。

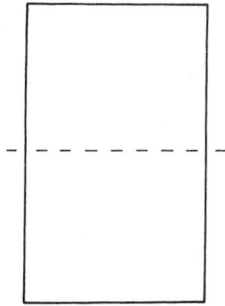

然后再对折。

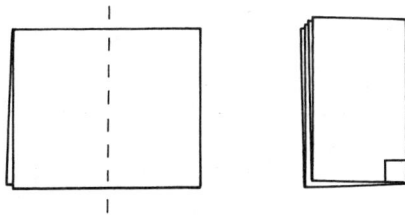

两条折痕所形成的角就是一个非常精准的直角，可以用它去测量看起来有直角的物体是否真的有直角。

三角形

三角形可以分为 3 种，你的孩子都需要掌握。

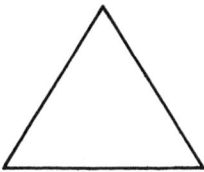　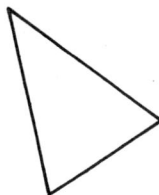　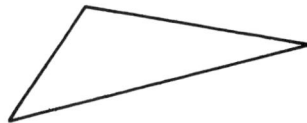

等边三角形　　　　等腰三角形　　　　不等边三角形

- 等边三角形的 3 条边（和内角）都相等。

- 等腰三角形至少有两条边（和内角）相等。

- 不等边三角形的 3 条边（和内角）都不相等。

任意一个三角形都具有以下特性：如果你用量角器测量三角形的 3 个内角，就会发现，它们的内角和永远是 180 度。一个简单的验证方法是：拿一张纸，在上面画一个三角形，把 3 个角撕下来，然后拼在一起。

将这 3 个角放在一起会形成一条直线，也就是 180 度

这就表示，如果你知道一个三角形的两个内角度数，就能求出第三个角的度数。比方说，如果一个三角形的两个内角分别是 30 度和 80 度，那第三个角一定是 180-（30+80），也就是 70 度。这个知识点对于理解高等数学中大量更为复杂的几何学知识十分重要，这就是为什么你的孩子必须要掌握这个知识点。

测一测

iii) 直角三角形

萨拉画了一个三角形，其中一个角是直角，那这个三角形有可能是什么三角形？

a. 等边三角形

b. 等腰三角形

c. 不等边三角形

iv) 一辆停着的汽车

汽车和墙壁形成的角 A 的度数是多少?

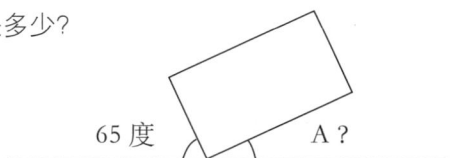

65 度　　　　A ?

对称

数学，和自然界一样，充满了对称性。有关对称的基本概念比较简单，因此对称问题在小学数学中占有很大的比例。孩子会碰到下面两个有关对称的主要概念。

● 轴对称：把一个图形沿着某条直线对折后两部分完全重合。

● 旋转对称：把一个图形绕着某一点旋转一定角度后，旋转后的图形与原图形完全重合。

本章前面提到了一些正多边形，它们都是有几条边就有几条对称轴。例如，正方形有 4 条对称轴。下图中的正方形绕其上的点，经过 4 次 90 度旋转后能与原正方形重合。

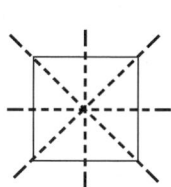

每条虚线都是
它的对称轴

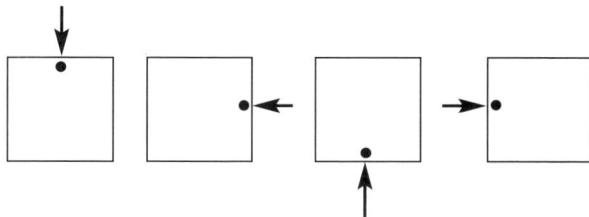

箭头指出了旋转对称
的 4 个位置

同理，正五边形有 5 条对称轴，正六边形有 6 条对称轴，等等。

v) 用牙签摆图形

以下是用 5 根牙签摆出的羚羊图形，请拿走其中一根牙签，使得剩余图形有一条对称轴。

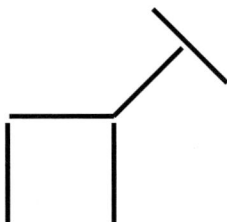

坐标

孩子需要掌握图形的轴对称与旋转对称，不光要能大致画出图形的形状，还要能准确标示经对称变换后的图形位置。这就要用到笛卡尔坐标系。笛卡尔坐标系是由笛卡尔[①]（就是说出"我思故我在"这句名言的那个人）发明的。

坐标很简单：利用左边和下方的刻度，来表示网格中的点相对于左右和上下的位置。

唯一容易让人产生困惑的地方是要记得哪个数字在前面，先上下还是先左右。约定俗成的方法是：先说左右，再说上下。为强化记忆，你可以想象自己走进一栋房子：你会先穿过走廊，然后再爬上楼梯。因此，下图中点 X 的坐标就是先水平向右平移 5 个单位，再垂直向上平移 3 个单位，因此写作（5,3）。

[①]笛卡尔：法国著名哲学家、物理学家、数学家，他对现代数学的发展做出了重要的贡献，被誉为"解析几何之父"。——译者注

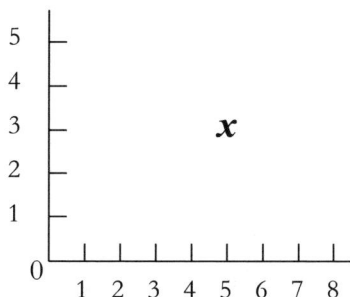

游戏 军舰大作战

强化坐标这个概念的一个好方法就是玩军舰大作战游戏。可以在 10×10 的格子纸上玩这个游戏。

每个玩家秘密地在格子上的不同位置画出不同图形并涂上阴影（比方说，排成一条直线的 4 个正方形代表航空母舰，3 个正方形代表战舰）。各个玩家轮流猜对手军舰所在位置的坐标，如果所报坐标恰好位于对手的军舰上，则视为击中敌舰，先击沉对手所有军舰的玩家获胜。

测一测

vi) 正方形在哪里？

请在下图中标出另外两个点（并同时写出它们的坐标），使其与图中已经给出的两个点构成一个正方形。你能用 3 种方法来完成吗？

在家玩"镜子戏法"

（1）冰激凌镜子戏法

让孩子说出他最喜欢的 3 种冰激凌口味，假定是香草、树莓和草莓好了。把它们的英文名字用大写字母写在一张纸上，然后在旁边各画一个冰激凌。你可以跟孩子讲，你最喜欢的是 CHOC ICE（脆皮巧克力夹心雪糕），你写下名字后，也画上一个雪糕。然后问孩子："CHOC ICE 有什么不一样的地方吗？"你会听到各种各样的答案，比方说，"它里面有巧克力""它的形状不同"等。现在你可以告诉孩子，CHOC ICE 的特别之处在于：就算你把它上下颠倒，它也不会"不成样子"。将这张纸颠倒过来，对着镜子看。颠倒的冰激凌全都不成样子了，再看看那些字吧，所有的字也都不成样子了，除了 CHOC ICE 很神奇地跟之前一样，还是 CHOC ICE。

VANILLA（香草味冰激凌）

RASPBERRY（树莓味冰激凌）

STRAWBERRY（草莓味冰激凌）

CHOC ICE（脆皮巧克力夹心雪糕）

这个戏法之所以奏效，是因为 CHOC ICE 这几个字母有同一条水平对称轴。从镜子里看这些颠倒的字，其实就相当于将所有字母都上下颠倒。

（2）破解谜题

这个游戏和上面的CHOC ICE其实差不多，不过，这次换成了谜题的形式。请将下面这段英文抄写在一张纸上。

THIS IS A MYSTERIOUS PARAGRAPH. IT CONTAINS A SPECIAL WORD THAT IS GOING TO BECOME DECODED WHEN YOU TURN THE PARAGRAPH UPSIDE DOWN AND LOOK AT IT IN THE MIRROR. ALL OF THE OTHER WORDS WILL BE SPOILED. CAN YOU SPOT THE MAGIC WORD?

这是一个神秘的段落，里面藏着一个特别的单词，当你把这页纸颠倒过来，对着镜子看的时候，就能将它破解。其他的单词都会变得"不成样子"，只有它还和原来一样，你能找出这个神奇的单词吗？

（3）出口标志

找一块透明的塑料板，在上面写下：

W

A

Y

O

U

T

然后宣布："这是你永远无法逃出的房间的门，这扇门的背面是什么呢？"当你把门打开，看向另一面的时候，就会看到……WAY OUT（出口）。

回文和回文数

对称还有一种形式，叫作"回文"，就是说，正着念跟倒着念是一样的。名叫汉娜（HANNAH）和安娜（ANNA）的女孩，还有名叫鲍勃（BOB）和奥特（OTTO）的男孩，当发现自己的名字是回文时，都会很开心。找回文词、回文句是很有意思的事，比方说，"Ten alps bordered Rob's planet"就是一句神奇的回文。

回文同样适用于数字，称为"回文数"。在过去不久的年份中就有两个是回文年（1991 年和 2002 年）。2112 年也是一个回文年。我们在数字里还能找到许多其他回文，比如，2012 年 1~9 月的 21 日，拿 3 月 21 日来说，如果将年份简写，就可以写成 12. 3. 21。

将全部由 1 构成的两个数相乘，得到的结果仍然是回文数：

$$11 \times 11 = 121$$

$$111 \times 111 = 12321$$

$$1111 \times 1111 = 1234321$$

这个规律一直到 $111111111 \times 111111111 = 12345678987654321$ 都适用。如果你有足够的耐心，可以用竖式乘法来验证，或者你可以用计算器来验证。

第十三章 量和单位

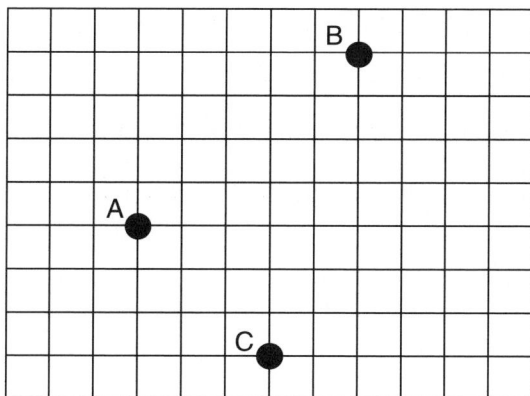

问：一艘船要从 A 点行驶到 B 点，为此，它需要遵照以下指令：

"向东行驶 5 千米，然后向北行驶 4 千米。"

现在，这艘船要从 B 点行驶到 C 点。

请写下要对这艘船发出的指令。

答：先 _Ready steady_ 然后 _go_ [①]

[①] "Ready steady, go" 是赛跑时的起跑口令："各就各位——预备——跑！"——译者注

时间、距离、面积、体积、速度、重量，所有这些都需要进行计量，因此，孩子在学校里会花大量的时间学习认识时钟，使用直尺、秤和其他计量工具。不过，与此同时，孩子也要学会运用想象力——通过估算的方法来计量东西。

关于量和单位，孩子的疑难点

1. 注意不到直尺上的"死角"，即从 0 刻度线到直尺最左端的那段距离。

2. 认为一个图形的面积越大，周长就越长。

3. 在读取没有标示出每个数字的刻度时存在困难。

4. 选用的计量工具不恰当，如使用以千克为单位的秤来计量一根羽毛的重量。

英制和公制

虽然国际通行的计量单位是公制单位，但英国保留了一些英制单位。举例来说，在英国，人们以品脱为单位来计量牛奶和啤酒的容量，以英里为单位来计量路程的长度，以码为单位来计量板球投球的距离，以化朗为单位来计量马场的赛道长度。对于是否要舍弃这些英制单位，完全采用更为简单的公制单位，人们看法不一。美国仍然坚守着英制单位，美国的工程师仍使用英里、英尺、磅和华氏度等单位。英国在计量方面实行两套单位制倒也不见得有什么坏处——毕竟，它还是英国和美国保持特殊关系的一种方式！两种计量单位并存的好处在于，数学老师能找到很多现实生活中的例子让孩子进行计算，比如，把磅换算成千克，把品脱换算成升。

在英国，孩子在学校学习的几乎全是公制单位，这样做的好处在于，公制单位都是以 10 为基数的，便于计算。但这样做也存在弊端，即家长和孩子沟通时可能会产生一些问题。比如，家长说 20 码之外有个什么东西，孩子可能听不懂爸爸或妈妈在说什么。

选用正确的计量单位

你不会用毫米计量从伦敦到格拉斯哥（Glasgow）的距离，也不会用千克计量一根羽毛的重量。为什么？因为我们对 1~1000 之间的整数，要比对非常小或非常大的数更熟悉。少量的东西要用小单位计量，大量的东西要用大单位计量，这一点孩子理解起来也很容易，因此，你要试着多跟孩子讨论这些计量单位。

时间

孩子可能在 3 岁的时候就已经熟悉了时间的概念（如现在、一会儿、明天、昨天），而且差不多就在这个年纪，孩子知道时钟是用来报时的。但是，他可能还得过好久，才能自信地报出时间——很多孩子到 8 岁时还对"整点"以外的时间感到困惑。

时钟是一个有趣的数学教具，在认识时钟的过程中，孩子会学到很多数学知识。虽然在这里，我们把它放到量和单位这一章来讲，但其实也可以把它放到计数、加法、减法、分数（一刻钟是 $\frac{1}{4}$ 小时、半小时是 $\frac{1}{2}$ 小时）和 5 的乘法口诀（要计算整点过了几分，可以用钟面上的数字乘以 5 来算）当中来讨论。

时钟也和角有关系，二者的表示方法都沿用了古代的六十进制计数系统，将一小时分为 60 分钟、一个圆分为 360 度。钟面上表示小时的 12 个数字标记均匀地分布在时钟的周长上，因此，一点钟的时候，时针和分针的夹角正好是一圈的 $\frac{1}{12}$，即 $\frac{360}{12}$，也就是 30 度。当时针位于 1 和 2 的正中间，也就是一点半的时候，时针与分针的夹角是 45 度加 90 度，也就是 135 度。

测一测

i) 时钟谜题

从中午十二点到夜里十二点，时针和分针有多少次形成 90 度的夹角？你应该很快就能找到两次，但你能找到第三次吗？还有更多的吗？

关于时间，除了学习报时以外，孩子会发现另外比较棘手的一点，就是在电子钟上加时间。例如，一列火车 3:25 发车，途中要行驶 1 小时 40 分钟，那火车到站的时间是几点?

3:25 这个时间看起来很像小数，在小数中，3.25 加 1.40 等于 4.65。但是时间的周期是 60 而不是 100，因此，每满 60 分钟时，就要将小时数加 1，将分钟数归零。作为成年人的我们对此习以为常，便常常忘了孩子会对此感到困惑。

测一测

ii) 烤蛋糕

杰米在烤蛋糕，他将蛋糕放进烤箱时的时间是下午 4:40，蛋糕需要烤 90 分钟，那他将蛋糕拿出烤箱的时间应该是几点?

时钟和方向

时钟和方向总是天然地结合在一起。东、南、西、北 4 个方向可以用三点、六点、九点和十二点来表示。在变换方向时，我们会很自然地用"顺时针""逆时针"来表达。给孩子指出地标位置的时候，你可以顺便跟孩子讲一下时钟和方向的天然联系。"如果说教堂所处的位置是十二点钟方向，那我们现在远望的小山岗就在一点钟方向。"

用手表辨别方向

如果能用手表辨别方向，谁还需要卫星导航呢？下次你和家人外出时（不管是在乡间散步还是在郊区迷了路），都可以用手表来辨别方向。先将手表放平，然后将时针对准太阳的方向，此时，时针和刻度 12 之间夹角的 $\frac{1}{2}$ 处所对应的方向大致就是正南。如果要更精确的结果，你的表必须设定为格林尼治标准时间——当然，当天也必须有太阳才行！

长度

孩子需要学习如何用直尺来进行精确的测量，但同时，他也要对距离有更宽泛的认识。孩子在使用直尺时常常犯错。例如，用下面这把破损的尺子测量直线的长度：

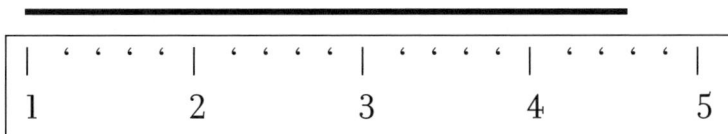

一般来说，直尺上面的数字之间都有未被标记的刻度，使用者要知道这些刻度间隔代表的长度是多少。在这里，每两个整数之间，有 5 个刻度间隔，也就是说，每个间隔代表的长度是 0.2，因此，这条直线的长度是 3.6（也就是 4.6 减去 1.0）。

孩子的小脑瓜，到底都在想些啥？

你能看出为什么测量上面那条直线的长度时，孩子们会给出下面这几个常见的错误答案吗？

4.6

4.3

3.3

给出第一个答案的孩子只看到了直尺上显示的数字，没留心检查直尺的一端是不是从 0 开始的。使用直尺时常常需要做一些类似这样的简单减法。为了引导孩子做减法，你可以故意拿一把没有零刻度的直尺，然后问孩子："哎呀，我们怎样用这把尺子来测量长度呢？"

给出第二个答案的孩子错误地将直尺上显示的数字读成了 4.3。因为有 3 个刻度间隔，所以他就认为每个间隔一定代表 0.1。你可以通过一点点往下数的方法，来给孩子解释为什么一个间隔代表的不是 0.1：4.1、4.2、4.3……，当数到第五个间隔时，孩子就会意识到，应当数 4.5 的时候，实际上已经数到了整数 5。

给出第三个答案的孩子注意到了直尺的一端不是从 0 开始的，可惜他在读数时犯了跟第二个孩子一样的错误。

小提示

不少家庭都习惯在门框或墙面上留块地方，用来给孩子做身高标记。孩子很喜欢查看自己是不是又长高了一些，这可以变成他的一个日常习惯。你可以将旧卷尺粘在墙上，这样每次你在卷尺旁用铅笔做好标记后，孩子就能对照刻度轻松地查看自己的身高了。

让孩子认识计量仪器上的刻度

刻度随处可见，比如秤、量杯、温度计上面都有刻度。刻度上标的数字可能是按规律排列的数字，不过，数字间隔大至上百，小至小数。不管是什么刻度，读取刻度的方法是相同的——要学会分析数字间隔代表的是多少，同时要认识到，一个间隔并不总是代表一个单位。

让孩子多读取家居物品上的刻度，这样在碰到新的刻度时，他就能够驾轻就熟。

测一测

iii) 时间轴

这是一条时间轴的一部分，请用箭头标示以下事件在时间轴上的正确位置。

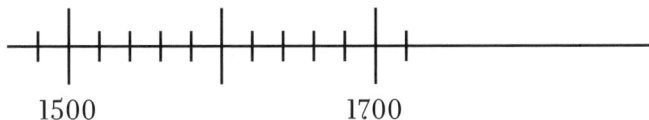

1500　　　　　　　　1700

- 亨利八世即位　　　　　　　1509 年

- 伦敦大火　　　　　　　　　1666 年

- 英国击败西班牙无敌舰队　　1588 年

周长

周长（perimeter）这个词源于希腊语"peri"，意为"环绕"。孩子经常会把测量一个东西的周长和面积搞混。你可以用一根绳子来代表周长，帮助孩子快速摆脱困惑：要想绕这个圆一周，或者绕游泳池一周，你需要多长的绳子呢？

圆的周长有一个特殊的名字，叫作"圆周"（circumference）。不管多大的圆，它的周长除以直径的商是个固定的数——这个数比 3 稍大一点，非常接近 3.14，我们通常将它称为 π（圆周率）。孩子念中学的时候才会深入学习 π，但你可以在家里找一些圆形的东西——一个储存烘焙豆子的罐子、一张 DVD 或一张比萨——跟孩子一起探索 π 的奥秘。你可以拿一根绳子来和孩子一起验证：直径的 3 倍长度接近但不等于圆周的长度。

相当于直径长度 3
倍的绳子几乎能
把这个圆绕一圈

直径

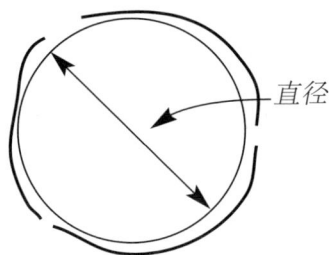

测一测

iv) 周长

以下图形由 6 个正方形组成，请计算这个图形的周长。

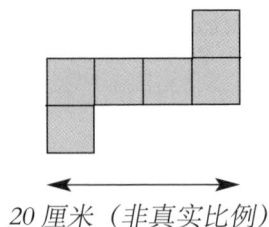

20 厘米（非真实比例）

面积

在解决有关面积的问题时，最简单的办法就是将它放在平面空间里来看。你可以用地毯、草皮、墙纸或者油漆来覆盖平面空间，这样孩子就能理解，要想确保有足够大的地毯或足量的油漆，就要先测量出面积。

孩子测量面积的第一步通常是数正方形。在一张方格纸上画一个图形，孩子很快便能数出这个图形里有多少个正方形（虽然这种方法有些费事儿）。在所有图形中，长方形的面积是最容易测量的。

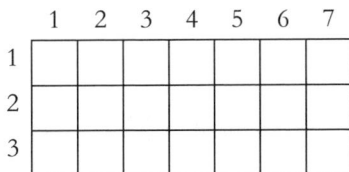

认真数一下，不难知道，上面的图形里有 21 个正方形。但我们很快就会发现更为快捷的方法：有 3 行正方形，每行 7 个；或者说 7 列正方形，每列 3 个。不管怎样，都可以看作是 3×7。换句话说，我们不必数出其中的正方形总个数，只需要将长方形的两条边相乘就能算出它的面积。

复杂图形的面积

通过数正方形个数来计算面积的这个技巧也适用于其他图形，不过，可能不见得恰好是完整的正方形。例如：

在右图这个大三角形里，有两个完整的正方形，还有 4 个相当于正方形一半的小三角形，因此，总共有 4 个正方形。

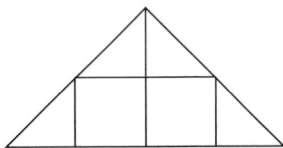

一般来说，小学阶段的孩子不会接触到比半个正方形更复杂的问题，不过，这个概念还是可以进一步拓展的。准确估算的法则是：大于半个正方形的，按整个正方形算；而不足半个正方形的，不算在内。因此，在下面这个大三角形中，有 6 个完整的正方形，还有 3 个大于半个正方形的图形，因此，可以估算为：有 9 个正方形。

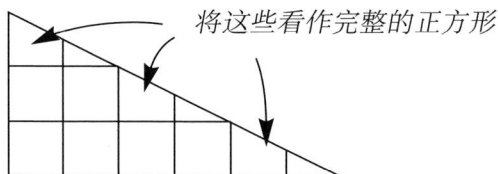

将这些看作完整的正方形

测一测

ⅴ）凭空出现的神秘正方形

这道谜题很诡异，凭空多出来一个小正方形！

这是一张普通的 8×8 的方格纸，总共有 64 个小正方形。

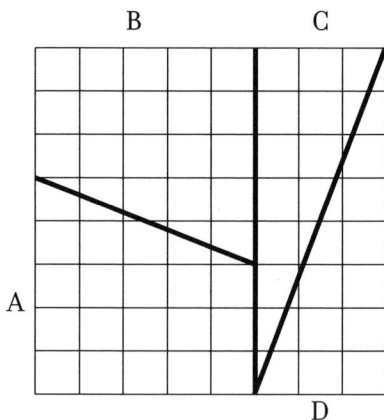

可以看到，方格现在被分成了 A、B、C、D 四部分。现在，我们可以把这四部分拼成长方形，如下图。

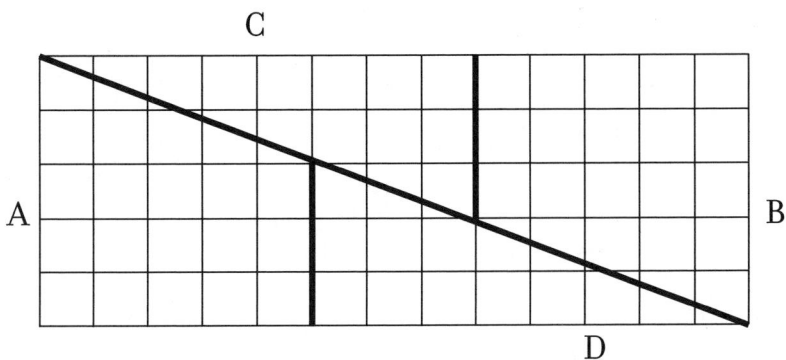

你可以检查一下，各部分的形状和上一张图当中的形状都是一模一样的。现在，来数数有多少个小正方形。长方形有 5 行 13 列，13 乘以 5 是 65……，比之前多出来一个小正方形！那多出来的这个小正方形是从哪儿来的呢？

体积

小学阶段的孩子不会学到如何计算一个固体的体积，不过，他们会学到用升作单位表示液体的体积，另外，他们要学会判断罐子里面的水比 1 升多还是少。

虽然孩子暂时还不会深入学习体积的知识，但引入一些相关的概念也没什么坏处。比方说，下面这个实验就很有趣。

拿两张 A4 纸，用其中一张的长边卷出一个细长的圆筒，再用另一张的短边卷出一个矮胖一些的圆筒。

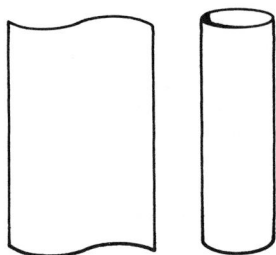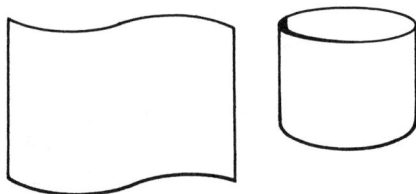

细长的圆筒   矮胖的圆筒

这两个圆筒虽然形状不同，但都是由同一纸张做成的。哪个能盛更多的意大利面呢？

如果你本能地认为它们盛得应该一样多，那你就错了。事实上，矮胖的圆筒盛得更多——要多 40% 左右。

现在，将一张 A4 纸剪成两半，做出两个大小相同的小圆筒。哪个盛得更多呢？是矮胖的大圆筒？还是两个小圆筒盛的东西相加呢？你的直觉可能会告诉你，这两者没有差别，但当你把两个小圆筒做出来的时候，答案就呼之欲出了。

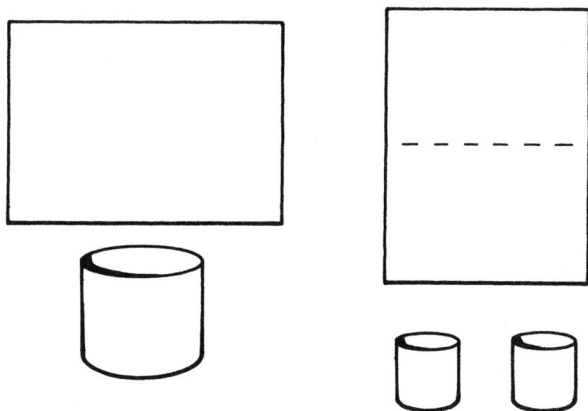

用肉眼你就能看出来，这两个小圆筒盛的东西加起来要比大圆筒盛的少。事实上，大圆筒能多盛 40% 左右。

重量

你的孩子在学校里会学到克和千克，也会学习用秤来称量物体的重量。老式天平对于孩子理解重量、分数，甚至理解方程式（方程式就像天平一样，一边的数量与另一边的数量相等）都大有帮助，然而很可惜，不是每所学校都有老式天平。

现在要想再见到老式天平，可真得下一番功夫好好找找了。以前，英国每家每户的厨房里都会有一架天平——将食材放在秤盘上，另一端用砝码平衡。这些砝码的重量通常以盎司为单位：

$$\frac{1}{4} \quad \frac{1}{2} \quad 1 \quad 2 \quad 4 \quad 8 \quad 16 \ (= 1 \ 磅)$$

注意，砝码的重量在增加时，每次都是加倍的。这套旧式英制系统的巧妙之处在于，利用这 7 个砝码，你就可以称出从 $\frac{1}{4}$ 盎司到 31 盎司之间的所有重量。比方说，$27\frac{1}{4}$ 就是 $16+8+2+1+\frac{1}{4}$。这种每次加倍的概念被称为二进制，而它刚好是用正常砝码组称重时最为有效的方法（第 38 页有对二进制的介绍。数学中常出现这种互相关联的情况，指出这一点有助于孩子的学习和理解）。

现在的天平使用的是公制砝码，16 盎司差不多就是 500 克。而且，因为现在多以百克为单位计算，所以我们会看到砝码的重量通常如下。

500 克

200 克（×2）

100 克

50 克

20 克（×2）

10 克

5 克

你可以用这些砝码称出 5~1105 克之间的所有重量，这和英制砝码的称量范围和称量精度差不多，不过，用到的是 9 个砝码，而不是旧式的 7 个。

如果成年人能够接受不用百克作单位，那么为了能和旧式的英制系统的称量范围相同，我们就可以用 8 个而非 9 个公制砝码来称量，比方说：

5   10   20   40   80   160   320   640

你可以用这 8 个砝码称出 5~1275 克之间的所有重量。

下次带孩子探望祖父母时，看看他们是否还留着旧式天平，如果还有，你可以借用它来让孩子用高效的二进制数字来帮忙称量制作蛋糕所需的食材。

计量"基准"

一个能帮助你的孩子学习量和单位的方法，就是制订一套计量"基准"——当手边没有正式工具可以使用时，用来估计物品度量衡的非正式的、常用的计量单位。下面这个表只是一部分，你可以跟孩子讨论一下，再添上些内容。

250 克	一块黄油
1 千克	一袋糖
1 升	一大盒牛奶
200 毫升	一盒酸奶
15 毫升	一药匙
1 米	爸爸的一大步
30 厘米	爸爸的鞋子
25 厘米	妈妈的鞋子
2 米	床的长度
2 分钟	刷牙所需的时间

第十四章　统计和概率

问：请将数量为 5 的一组图片圈起来。

这个小女孩喜欢猫，因此，她按自己的想法给出了答案。

很多家长在学生时代没怎么接触过概率和统计这两个数学概念，但现在，它们却成了数学课程中的重要组成部分。"统计"在小学的课程里用"数据处理"的概念引入，而"概率"则被称作"可能性"。

数据处理听起来令人乏味，但其实，孩子能从中发现很多乐趣：提出问题→对回答问题所需收集的信息做出选择→将信息进行整理、归类→将信息以图表的方式呈现出来并加以阐释→利用得出的结论来理解周围的世界。同时，任何玩过纸牌或骰子游戏的孩子，应该都很熟悉概率这个概念，不过，小学阶段的孩子喜欢将它看作不那么有科学依据的"运气"问题。

关于统计和概率，孩子的疑难点

1. 认为"否定"的信息不如"肯定"的信息有用。例如，在玩"猜数字"的游戏时，一个玩家要先想出一个数字，另一玩家通过问 20 个以内答案是"是"或"否"的问题来猜出这个数字。如果问"这个数字是偶数吗？"，得到的答案是"不是"，其实就等同于问"这个数字是奇数吗？"，得到的答案是"是"。可孩子不这么想，孩子认为"不是"这个答案对得出结论没有什么帮助。

2. 认为图表提供的是一个事件的"图像"，所以会错误地解读成一个结果。

3. 没有认识到饼状图体现的是一个群组中各部分的相对比例，而不是该群组的实际大小。

计数和频数

如果你曾经使用过 卌 这个计数符号记录某个东西，比如比赛得分或学校礼堂的观众数，那么你就已经继承这项悠久的计数传统了。我们之所以知道它，是因为最古老的计数物品——列朋波骨（Lebombo bone）的发现。列朋波骨是狒狒的一根骨头，某个穴居人在上面留下了用来计数的刻痕。它用于计数的历史大约可追溯到 37000 年前，而且有可能不是第一块用于计数的骨头。穴居人当时想用它来记录什么，我们现在无从得知——有可能是已经过去的天数、抓到的动物数，或者是部落里的成员数——谁知道呢？不论是何种用途，它都让我们知道，人类计数的历史的确非常久远。

在所有出土的计数文物中，年代最久远的骨头上显示的计数形式是不成体系的，而年代稍近一点的骨头上却出现了一个显著的特征，那就是当时的人们用某种方式将计数符号聚集在了一起，最后逐渐形成了 5 个一组的计数方式。

用符号计数是收集和呈现数据最简单的方法。用符号为两个事件计数，比如男生队和女生队的分数，其实和横条图是一回事。它们都能让你在看到符号的同时，就能够知道正在数的两个事件的相对分数。

有时候，计数符号只是简单地用来记录某个东西，比如观看表演的人数、停车场内的车辆数等，而图表则能够用来记录各项的数量，比如经过的车辆类型、最喜欢的薯片口味、巧克力豆的颜色等。这些用来计数的图表还能让我们知道特定事件发生的频率，比如最常见的车型、最受欢迎的薯片口味、蓝色巧克力豆和红色巧克力豆的比例等，因此也被称为频数分布图，常用于将数据可视化。

数据的比较、分类和组织

对数据进行比较、分类和组织是数据处理的核心内容。我们在之前的内容中介绍了数字的分类和命名——整数、分数、奇 / 偶数、平方数、倍数、因数等，以及图形的分类和命名——对称的、平面的或立体的、规则的等，都用到了数据处理的核心技巧，即识别事物的共性与差异，进而将其归到不同的类别。

与众不同

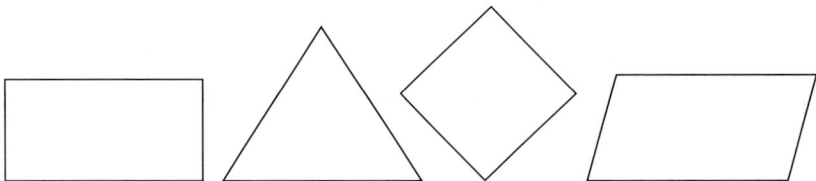

以上 4 个图形中，你认为哪个跟其他的不同呢？

大多数人会立马选择三角形，因为它是唯一一个只有 3 条边的图形。不过，这只是它被选为"与众不同的图形"的可能理由之一而已。在继续往下读之前，你还能想出三角形是"与众不同的图形"的其他理由吗？你能想出至少 5 个理由吗？

这里有一些可能的理由：

- 它的内角和是 180 度（其他图形的内角和是 360 度）；
- 它有 3 条对称轴；
- 它的面积最小；
- 它的周长最短；
- 它有 3 个角；
- 它所有的角都是锐角；
- 6 个这样的三角形可以组成一个六边形。

三角形可能并不是唯一一个"与众不同的图形"。其他的图形都各有其特殊之处——4 个图形中，只有一个图形的底边跟其他图形的底边不在同一平面上；只有一个图形各个角不相等。由此可见，分类并非只有一种标准答案的活动。由于数据处理涉及将信息分门别类，那么孩子对于思考和创造分类越有经验，就越擅长数据处理。

游戏　　**与众不同**

"与众不同"是一款可以和任何年龄段的孩子一起玩的创意游戏。和年幼的孩子一起玩的时候，你们可以用日常生活用品做道具。比方说，将勺子、杯子、瓶子和叉子这几样东西放在一起，试着找出每样东西与其他东西的不同之处；将铅笔、塑料尺、毡头笔和橡皮这几样东西放在一起，试着找出每样东西与其他东西的不同之处。谁能想出一个东西不同于其他东西的最奇特或最荒诞的理由呢？这里有一些例子，希望能帮到你：

● 铅笔和其他东西不同，因为它是唯一没有可以弯曲的部分的东西。

● 塑料尺和其他东西不同，因为它是唯一将其一端压在桌子边缘，拨动另一端会振动并发出奇怪声音的东西。

● 橡皮和其他东西不同，因为它是唯一有别称的东西。[1]

年龄大点儿的孩子可以玩数字组游戏。20、15、24、25 中的哪个数字是与众不同的呢？想想看，这个问题可以有几种不同的答案呢？

"与众不同"的升级版游戏就是"猜猜我在想什么？"。

选定几样东西，可以是孩子能在家里见到的东西，比如洗衣篓里的衣服、餐桌上的物品等；也可以是与数学相关的想象的事物，比如一个小于 100 的整数、一个立体图形等。你的孩子能通过提问（你只能回答"是"或"否"）来猜出你在想什么吗？举例来说，餐桌上有一个瓷杯、一个玻璃杯、一个三明治，还有一个苹果。"猜猜我在想什么？"游戏有可能是像下面这样的：

问：它可以吃吗？

答：不可以。

问：它是透明的吗？

---

[1] 美国人将橡皮称为"eraser"，而英国人将橡皮称为"rubber"。——译者注

答：不是。

问：它是瓷杯吗？

答：是的。

///////////////////////////

游戏 猜数

你和孩子可以轮流想出一个 1~100 之间的数，然后通过向对方提问（只能回答"是"或"否"）猜出这个数。你最快多长时间能猜出来呢？问答形式可以是这样的——

问：它是偶数吗？

答：是的。

问：它比 50 大吗？

答：不是。

问：它是 3 的倍数吗？

答：是的。

问：它比 25 大吗？

答：是的。

……诸如此类。

玩这类游戏时，最好的策略（或者说，能最快地获得正确答案的策略）就是，提问的一方要提可以将可能的答案平均分成两类（"是"和"否"）的问题。像"它是偶数吗？"这样的问题就非常适合放在开头问，因为可能的数中有一半是偶数，一半不是偶数。而像"这个数尾数是 0 吗？"这样的问题就不是一个好问题，因为在这 100 个数中，有 90 个数的尾数不是 0，因此得到"否"这个答案的可能性非常高。

维恩图

在英国，小学阶段的孩子会接触到两种分类法 —— 用维恩图（Venn diagram）进行分类和用卡罗尔图（Carroll diagram）进行分类。维恩图和卡罗尔图本质上是一样的，但二者在数据呈现的方式上略有差异，且各有侧重。

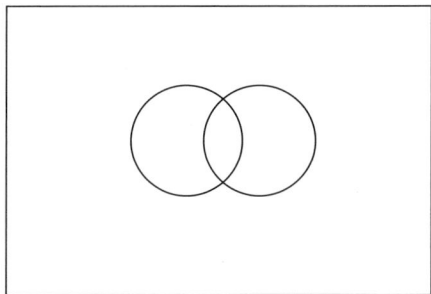

维恩图

你可以和孩子用细绳围成两个圆圈，找来一些东西，然后利用维恩图把它们进行分类。例如，你可以找来一个苹果、一个橙子、一支橙色蜡笔和一支铅笔，然后试着将这些东西分成两类，比方说，分成"可以吃的东西"和"用来写字的东西"。在"可以吃的东西"和"橙色的东西"这样的分类中，孩子很快就会发现，有些东西同属于两类，比方说，橙子既属于"可以吃的东西"这一类，又属于"橙色的东西"这一类。这样，两个圆圈就会相交。

虽然可能不是那么容易看出来，但其实剩下的一样东西还可以被归到第四个地方 —— 圆圈的外面。在上面的例子中，"既不能吃又不是橙色的东西"就应该归到圆圈外面的区域。

小学阶段，维恩图多以两个交叠的圆圈的形式出现，但有时候，也会出现一个圆圈完全位于另一个圆圈内的情况。举例来说，如果一个圆圈代表"会产奶的动物"，另一个圆圈代表"奶牛"，因为所有的奶牛都能产奶，所以代表

"奶牛"的这个圆圈就可以放在代表"会产奶的动物"的这个圆圈里面，这时，维恩图看起来就像一个煎蛋：

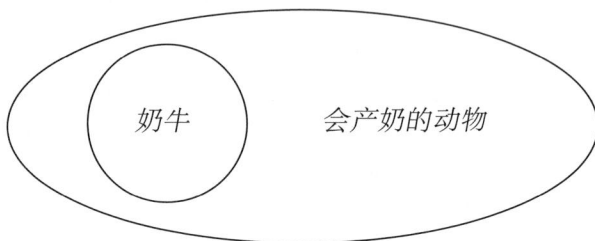

维恩图并非只能用两个圆圈表示。若要表示不同的分类，你想用几个圆圈表示都可以，只不过对于 3 个以上的圆圈，交叠的情况会复杂一些。

卡罗尔图

卡罗尔图是以英国数学家刘易斯·卡罗尔（Lewis Carroll）的名字命名的。刘易斯·卡罗尔原名查尔斯·道奇森（Charles Dodgson），卡罗尔是他发表著名儿童文学作品《爱丽丝梦游仙境》时首次使用的笔名。同时，他也是牛津大学的数学教师。他对逻辑特别感兴趣，并于 1896 年写了一本以逻辑为主题的书，里面有关于他称作"双向图"（Biliteral diagram）的内容。后来，这种图更名为"卡罗尔图"。在英国，每个小学生都会学习这种分类方法。

卡罗尔图尤其适用于有关数学内容的分类。比方说，可以将数字卡片依据多种特性来分类：奇 / 偶数，大于 / 小于 20，是 / 不是 5 的倍数……

	奇数	偶数
大于 10	13、17、29	16、52、88
小于 10	1、3、7、9	2、6、8

━━━━━━━━━━━━━━━━━━━━ 测一测 ━━━━━━━━━━━━━━━━━━━━

i) 卡罗尔图

如果将维恩图里的数字放在卡罗尔图里，该如何填写呢？

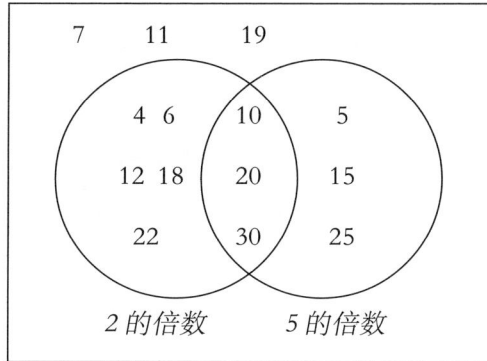

	2 的倍数	不是 2 的倍数
5 的倍数		
不是 5 的倍数		

数据处理的过程

不久之前，大多数孩子在学校学到的数据处理经验，主要是根据给定的一组数字制作条形图。他们花了很多时间给条形图上色，但学到的关于数据处理的知识却很少。现在，借助科技，图表制作可以轻易完成——电子表格制作软件可以快速地将数据转换成图表，因此我们可以将学习重心放在数据处理的过程上。

数据处理由选择一个问题进行调查开始。它可以是一个非常基本的问题，如"马路上的黄色汽车比绿色汽车多吗？"，这是一个简单的数据统计和比较的问题。在课堂上，孩子们还可以挑战更加棘手和微妙的问题，如"多练习是否有助于你学习乘法表？"

孩子们会在课堂上讨论如何解决这个问题。例如，他们可能会选定一组乘法口诀（如3的乘法口诀）练习一周的时间，并在一周开始的时候组织一次测评，记录下全班同学背记3的乘法口诀的表现。接下来的几天，孩子们需要勤加练习，并在这一周结束时再进行一次测评，看看每个人的表现。

结果的呈现方式

有许多种不同的方式可以呈现结果：条形图、折线图、饼图，也可以用稍精细一些的形式来呈现，如散点图。在数据处理过程中，图表不同，得出的结论可能也不同，因此我们需要决定，选用哪种形式的图表来呈现结果。

对于"多练习是否有助于你学习乘法表？"这个问题，年龄小一些的孩子会选择条形图，并把每个学生前后两次的成绩画在相邻位置，如下图。

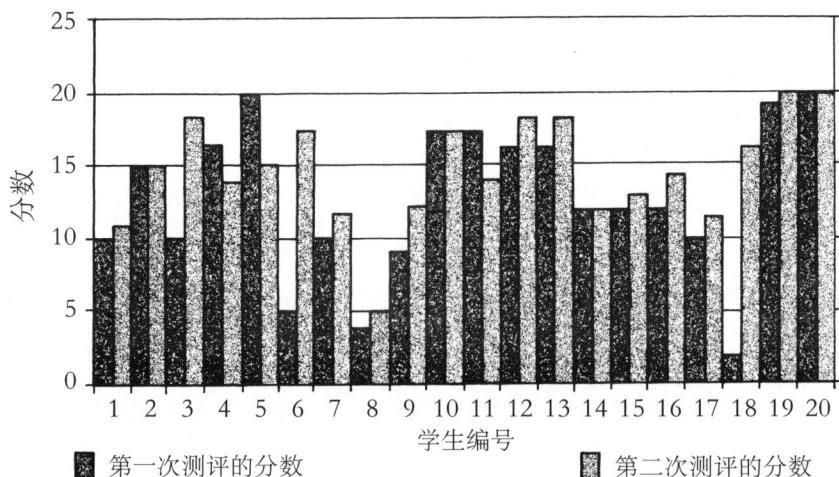

第一次测评的分数　　　　第二次测评的分数

接下来，孩子会提出下列问题对这张图进行解读。

- 谁的进步最大？

- 有没有人第二次考得不如第一次好？

- 每个人都有进步吗？有多少人进步了呢？

- 总的来看，整个班级都有进步吗？

年龄大一些的孩子可能会用更加直观的散点图来呈现结果。在一张散点图里，把每个孩子第一次测评的成绩和第二次测评的成绩对照着画在一起。散点图上的对角线表示的是两次测评成绩相同时的落点。对角线上方的点表示第二次成绩好于第一次的孩子的分数，而下方的点表示第二次成绩不如第一次的孩子的分数。这样，我们就能很快得出结论：有多少人进步，有多少人退步。同时也能看出，第一次测评成绩不佳的孩子，第二次会考得比较好，而第一次就考得不错的孩子，第二次的进步不会太明显。

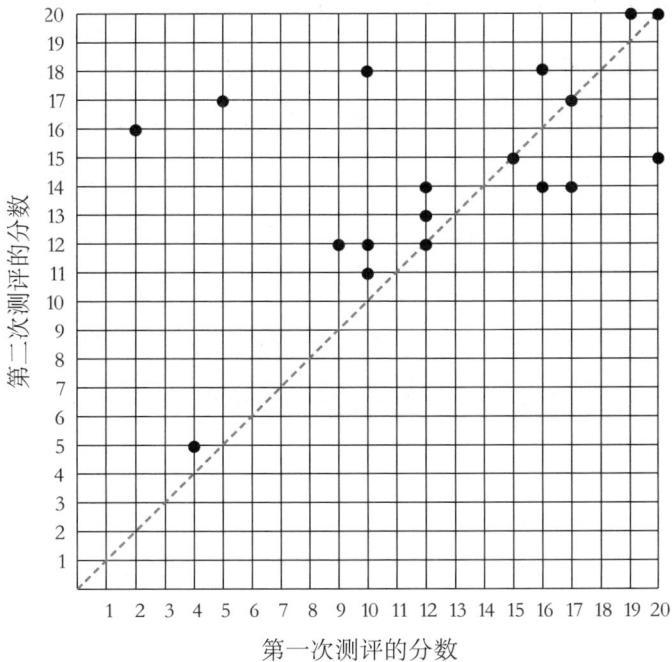

孩子的小脑瓜，到底都在想些啥？

孩子在解读图表时可能会遇到问题，因为孩子常常通过图表传达的表层信息去理解。

请设想一下：有人正在升起一面国旗。下列哪幅图最能体现国旗从地面升到旗杆顶部的过程呢？横轴为时间，单位是秒；纵轴为高度，单位是米。

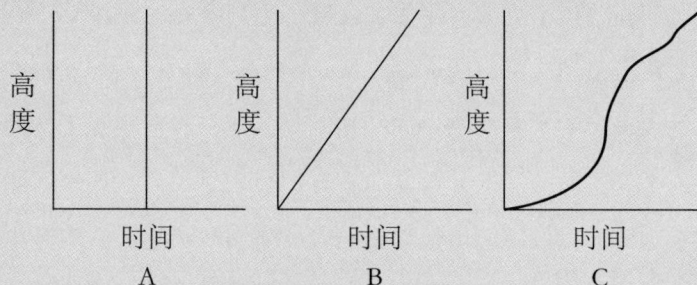

很多孩子（还有一些大人）都会选择图 A，因为它看起来就像个旗杆，也像升起的国旗，孩子会说："笔直往上升"。

但事实上，横轴代表时间，也就是说，图 A 表示国旗一瞬间从地面升到了旗杆最高点，显然这是不可能的。那正确答案是 B 还是 C 呢？图 B 表示：国旗上升的过程很平稳——从开始上升到最终到达顶点，它都是匀速进行的。图 C 表示：国旗起初上升速度缓慢（从图中可以看出，最开始，线条接近水平状态，也就是说，它在前几秒几乎没有上升），接着开始加速，最后又慢下来。因此，图 B 表示的可能是由机器操作的升国旗的过程，如果是人为操作，图 C 表示的过程大概最接近真实状况。要看懂这些图表，不下功夫是不行的。

ii) 这是哪项运动呢?

你认为下图描述的是哪项运动呢? 高尔夫、百米冲刺还是钓鱼?

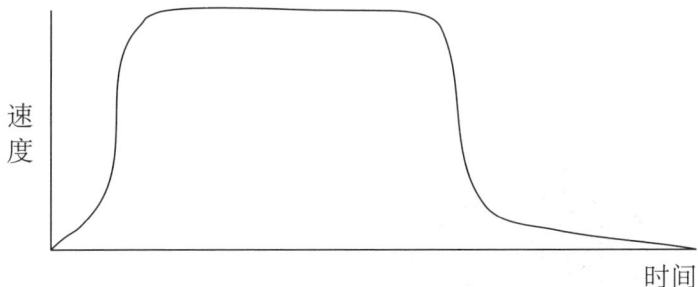

故事图表

想帮孩子认清"图表不是提供的一个事件的'图像'"这个事实,不妨试试下面这个有趣的方法:制作一个图表,来展现传统童话里某个角色随着故事情节发展而变化的情感状态。横轴表示时间的推移,纵轴表示从最底端极度负面的情感状态,到最顶端极度正面的情感状态。每个人都可以选择一个小故事,并将图表与故事内容结合起来。例如,下图表示的是童话故事《小红帽》中主人公小红帽的情感变化,要怎样和故事内容相结合呢?

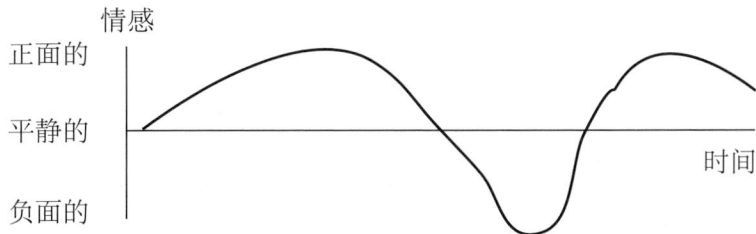

饼图

　　饼图当中有一种是由弗洛伦斯·南丁格尔[1](Florence Nightingale)发明的(或至少是由她普及的)。数据比例——部分在整体中所占的百分比——是由饼图来呈现的。例如，乘坐不同交通工具去上学的孩子的数量占总人数的比例，或在学校吃午餐的孩子占总人数的比例。你的孩子可能会遇到下面这种典型的饼图。

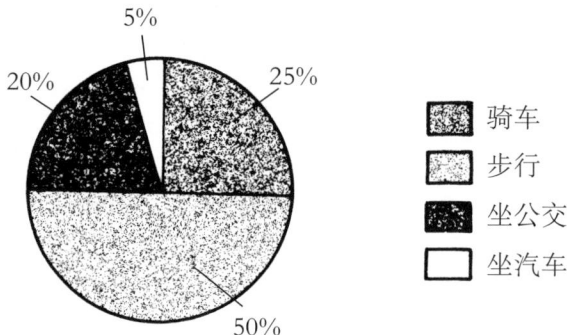

　　你可以问孩子以下问题:

● 选择哪种交通工具上学的孩子最多?

● 骑车去上学的孩子数量占总人数的多少? (整个饼图代表100%)

　　在不知道其他信息的情况下，我们是无法知道孩子的绝对数量的。依据饼图，我们可以知道:一半的孩子或者说50%的孩子步行去上学，可我们不知道这到底指的是20个、100个还是1000个孩子，因为在这组数据中，孩子总数是未知的。不过，如果我们知道这是针对100个孩子所做的调查，那其他问题就迎刃而解了。

● 有多少个孩子骑车去上学? (答案: 25个)

● 有5个孩子坐汽车去上学，那么，有多少个孩子坐公交去上学呢? (答

---

①弗洛伦斯·南丁格尔:英国女护士，欧美近代护理学创始人。国际护士会将她的诞辰日——5月12日定为"国际护士节"，以示纪念。——译者注

案: 20 个)

─────────────────────── **测一测** ───────────────────────

iii) 饼图

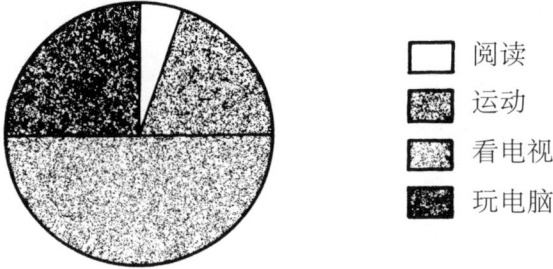

a. 闲暇时选择玩电脑的孩子数量占总人数的多少?

b. 闲暇时, 10 个孩子选择玩电脑, 2 个孩子选择阅读, 那么, 有多少个孩子选择运动呢?

c. 一共有多少孩子参与这项调查?

饼图的比较

当给出两个饼图的时候, 事情就会更有趣, 更有挑战性。

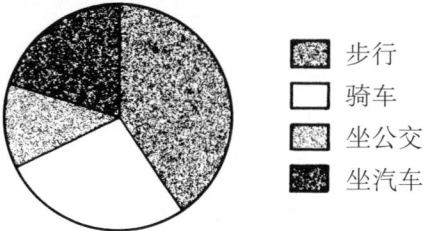

树顶学校

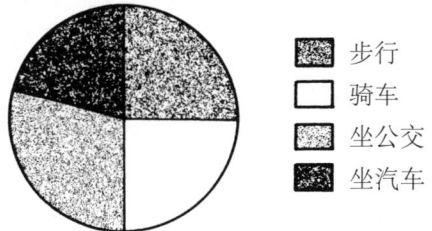

阳林学校

观察两个饼图，可以发现：单拿步行去上学的孩子所占的比例来说，树顶学校要比阳林学校更大。但在不知道其他信息的情况下，我们无法判定树顶学校步行去上学的孩子数量是否真的更多。如果树顶学校有40%的孩子步行去上学，且该校有100名学生，那么，步行上学的孩子有40人。而阳林学校虽然只有25%的孩子步行去上学，但若该校有200名学生，那么，步行上学的孩子就有50人——也就是说，虽然占总人数的比例稍小一些，但实际上，阳林学校步行上学的孩子更多。从相对层面上来说，树顶学校步行上学的孩子的比例更大；而从绝对层面上来说，阳林学校步行上学的孩子更多。当你的孩子碰到比较两个饼图的问题时，请记得提醒他，要格外留心，仔细审题。

让孩子准备好面对"政治化妆师"[1]

你可能会问，为什么要让孩子这么困惑呢？为什么不直接让他做一些简单计算呢？事实上，学习解读政治化妆师们给出的数据图表，是孩子学会应对充斥在日常新闻里被"化妆"的统计结果的第一步。譬如，英国皇家事故预防协会（Royal Society for the Prevention of Accidents）在报告中称，2007年有136个骑自行车的人在事故中丧生。而英国广播公司（BBC）在报道该事件时刊登的头条是：自2004年以来，因骑自行车发生意外而死亡的人数增加了11%。就绝对数量来说，与2004年相比，2007年因意外丧生的人数增加了约14人。虽说每一个生命的陨落都难免令人感到遗憾，但相较而言，"死亡人数增加了11%"这个头条更引人注目。相比之下，BBC报道在家意外死亡的人数时，用的是绝

---

[1]政治化妆师：英文名称为"spin doctor"。西方媒体用来指总统竞选中所雇的媒体顾问或政治顾问。他们避重就轻、选择性发放数据，旨在保证候选人在任何情况下都能获得最佳宣传，即"善于对负面消息进行积极解释的宣传者和策划人"。——译者注

对数：每周 76 人。与平均每周不到 3 个人骑自行车发生意外相比，76 这个绝对数听起来确实让人印象深刻。不妨留意一下，内阁部长在呈现支出计划时，用的是绝对数，但在呈现削减计划时，用的却是相对比例。在某个东西上额外花费 200 万元，听起来让人印象深刻，尽管它可能只占到总预算的 1%。另一方面，削减 0.5% 的开支听起来可能微不足道，但以绝对数来说，却有可能上百万。

我们并不是想用数据把孩子吓得不敢骑自行车，而是想说，到了 9 岁、10 岁的时候，很多孩子确实会对气候变化或者濒危物种这类话题产生兴趣，他们可以开始探索数据呈现的不同方式，并体会相对数和绝对数所营造的不同效果。

平均数、中位数和众数

几乎每个人都记得怎么算一组数的平均值：将所有数相加，再除以这组数的个数。严格来说，这叫作算术平均数，简称为平均数。平均数（mean）最为常用，通常也被直接称为平均值（average）。不过，数学家和统计学家还是会采用平均数这个术语，以便和其他的平均值——中位数（median）和众数（mode）区分开来。

一组数的中位数，指的就是它的中间值：一组数中会有一半的数大于中位数，一半的数小于中位数。假设你掷两个骰子掷了 5 次，将点数相加，得到如下一组数：

7、11、11、11、5

顺便说一句，这是一组真实的数据——我们确实通过掷骰子得出了以上点数——虽然这组数据看似有点儿不寻常，但事实上，这类事件发生的概率远比人们想象的要大。

将骰子点数按从小到大的顺序排列：

5、7、11、11、11

这组数的**平均数**是 9（5+7+11+11+11=45，45÷5=9）。

这组数的**中位数**是 11——也就是中间的数值。如果一共有奇数个数，找中位数就很简单了。如果掷了 6 次（偶数次）骰子，这时就要取中间的两个数——在本例中，也就是第三个和第四个数——的平均数为中位数。

最后是**众数**。众数指的是一组数中出现次数最多的那个数。拿上面这组数来说，众数就是 11，因为它出现的次数最多。

该选用哪种平均值呢？

假设你在英国的一家男鞋店上班，一早上卖出了 10 双鞋，卖出的鞋号分别是：

8、7、9、6、9、8、10、8、10、6

将这组数按从小到大的顺序排列：

6、6、7、8、8、8、9、9、10、10

这组数的平均数是 8.1，中位数是 8，众数也是 8。如果店里需要进一种鞋号的鞋子，那所有的平均值都指向 8 号鞋码。

但假设售出的鞋子鞋号为：

4、5、5、6、6、7、8、8、8、8

这组数的平均数是 6.5，中位数是 6.5，众数是 8。那现在你需要进哪种鞋号的鞋子呢？若将这组数据放在更长的时间范围内来看，就会发现，众数是最有用的平均值。

因而，不同的平均值能让我们从不同的角度看待同一组数，而选用哪种平均值，则完全取决于你的目的，取决于你想发现这组数的哪种"特性"。

测一测

iv) 骰子点数

以下这组骰子点数的平均数、中位数和众数分别是多少？

4、11、8、6、5、6、9、11、7、2

话说"可能性"

这里有一个小故事，当然，很有可能是杜撰的，说的是一名新闻主播在播报天气预报。

"周六下雨的可能性为75%，周日下雨的可能性为25%，因此，我想这意味着在周末某个时间下雨的可能性为100%。"

如果所有事都是确定的、可以预测的，那生活就简单多了。你可以很确定地知道明天的天气，知道确切的还款金额，知道你的孩子会准时上学，知道汽车打火就着……不过，话说回来，这样的生活可能也会很没意思吧？

现实中，我们的生活充满了不确定性。能够应对不可预测的事情，是我们最重要的生活技能之一。因此，在这个以现代数学为启蒙教育的时代中，对"可能性"，或者用它的正式名称——"概率"的研究，是你的孩子要学习的重要内容。

在小学阶段，孩子只需要掌握概率的基本知识就好，不必深入学习。孩子会开始明白，不是所有的结果都是确定的（比方说，明天不一定下雨），而且有些结果出现的可能性比其他结果出现的可能性更大。在家里，你可以用一些通俗的语言来描述不同结果出现的概率，来加强孩子对"概率"这一概念的理解。

- 明天太阳肯定会升起。

- 英超曼联球队极有可能在下一季的联赛中踢得不错。

- 把硬币向上抛起，落下后正面朝上与反面朝上的可能性大致各占一半。

- 六月下雪的可能性微乎其微。

- 这只母鸡下的鸡蛋里绝对不会有金币。

游戏　骰子宾果

这款有趣的宾果游戏适合全家人一起玩。根据参与人数，准备一定数量的卡片，每张卡片上画 8 个空格。每个玩家分配一张卡片。玩家自行决定在卡片的空格里写下哪 8 个数字，所写数字应在 2~12 之间（因为两个骰子的点数之和都会在这个范围之内）。通过掷两个骰子，并将得到的点数相加，得到一个数字。如果出现的数字恰好是你写下的数字，你就可以把它划掉，最先划掉自己写下的所有数字的玩家获胜。与平常玩的游戏不同的是，你可以在卡片上写下重复的数字。只要你愿意，在 8 个空格上全部填上数字 12 也可以！但当数字是 12 的时候，你只能划掉你写下的其中的一个数字 12。卡片可以是下面这个样子：

5	7	8	8
9	10	12	12

　　这个游戏不光需要运气，也需要技巧。需要运气是说，没人知道骰子掷出的点数会是几；需要技巧是说，你可以通过精心挑选写在卡片上的数字来大大增加获胜概率。

　　下图表示的是掷骰子时，获得点数之和在 2~12 之间各有几种方式。例如，获得点数之和是 2（掷出两个 1）或 12（掷出两个 6）都只有一种方式；获得点数之和是 3 有两种方式（1 和 2、2 和 1）；获得点数之和是 7 有 6 种方式（1 和 6、2 和 5、3 和 4、4 和 3、5 和 2、6 和 1）。因此，你掷出的点数总和是 7 的概率，是你掷出的点数总和是 2 的概率的 6 倍。

　　也就是说，在卡片上填满数字 12 并不是明智的选择——两个骰子的点数之和是 12 的概率很低。那应该全填 7 吗？呃……这样做也不是很明智。7 出现的可能性更大，但并不是说它每次都会出现。最好还是把 6、7、8 这几个数都选上，也可以再写上 5 和 9。

获得不同点数之和的方式

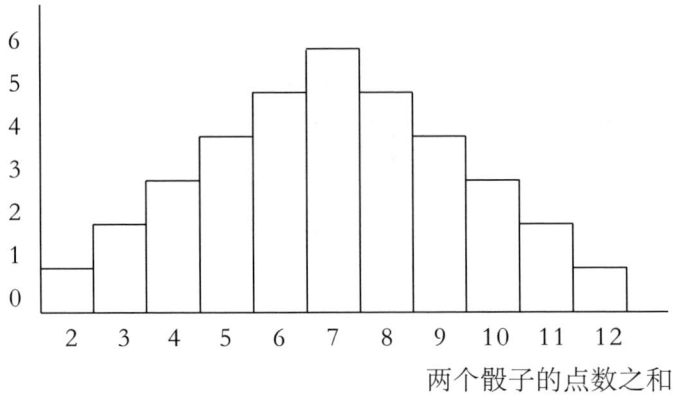

两个骰子的点数之和

第十五章　用计算器解决数学问题

问：请用直尺测量该线段的长度。[1]

答：　<u>Be kind to pepol</u>

这个孩子想到了一条良好的行为准则——"与人为善"，而且书写时，
还特地使它与线段等长，因为在她看来，这就是在测量线段的长度。

　　直到 20 世纪 70 年代，计算器才进入普通家庭。这也意味着很多家长以及
几乎所有的祖父母少有、甚至没有在学校学过使用计算器。当然，现在计算器
已经成为课堂上的标配了。

---

[1]此处原文为"Use a rule to measure this line."孩子给出的答案是"Be kind to pepol。""Rule"有
"直尺"之意，也有"准则"之意，孩子理解错了题意。另外，她是想写"Be kind to people"（与
人为善），只可惜最后一个单词没写对。——译者注

在本章中，我们关注最简单的计算器里实际上暗藏着哪些"陷阱"，并探讨计算器是如何辅助、又是如何阻碍孩子对数学的理解的。

使用计算器时，孩子的疑难点

1. 无论答案多荒谬，也不质疑用计算器算出的答案。

2. 意识不到计算的顺序或方法可能跟孩子笔算的顺序或方法不同。

3. 会被某些按键上的奇怪符号所困扰。

4. 计算下一题时，忘记清除之前的计算结果。

5. 手指笨拙地按错键。

6. 忘记按小数点键，因为计算器屏上显示的数字后面已经有一个小数点了。

使用计算器对孩子的数学能力有损害吗？

将现代人数学能力的退化归咎于计算器的使用并不难，但事情可没那么简单。一个问题是，在很多数学问题上，计算器根本帮不上什么忙，只要翻一翻本书后面附的思维测验题，你就知道了。学院派数学家们常常宣称，他们甚至连计算器都没有，因此，在他们的研究中极少出现任何"计算"。

不过，计算器的使用可能真的会引发一些问题。光是计算器的存在就引发了这样一个问题：现在学校里的孩子对于像他们的（祖）父母一样练习100以上的计算，几乎提不起兴致。因为他们可能会想：如果长大后基本不用做这些计算，那现在练习又有什么意义呢？也就是说，深深刻在前几代人脑海里的那些数学方法、规律和解题技巧，如今并不会刻在孩子的脑海里。

另外一个问题是，孩子会更相信计算器给出的答案，因为在他看来，计算器是不会出错的。不少家长有时也是这样想的。当然,从某种程度上说,这种想法并没错,因为现如今科技已相当发达。不过,计算器可不知道使用计算器的人是不是在应该输入小数点的时候的确输入了小数点或者是否输对了数字,更别提是不是在一开始就理解对了题目。这不禁让人想起计算机发展初期流行的一句话:胡乱输入,胡乱输出。

孩子最早在课堂上接触计算器,大概是 8 岁的时候。这个年龄段的孩子应该已经熟悉了数字、位值、加法和乘法表,所以计算器的主要功能对他来说还是挺有用的。不过,孩子也可能会在 8 岁之前就接触到计算器,因此,家长要让孩子从小就认识到计算器的好处和坏处,这对孩子很有帮助。

计算器算出的结果正确吗?

你可以通过跟孩子一起玩儿"计算器算出的结果正确吗?"这个游戏,从小培养孩子的怀疑精神。只要孩子学会了做加法,就可以开始玩这个游戏了。你可以问:"4 加 2 等于多少?""来看看计算器算出来的是多少呢?……是 6,它算得对吗?我不确定,让我们验证一下吧……"当你赞成 6 就是正确答案的时候,装作不情愿地承认:"那好吧,计算器这次给出的答案是对的。不过,还是要提防一点儿,以防它冒出一些奇怪的答案……"

更妙的做法是,在介绍电子计算器之前,你可以先给孩子展示一下"自制计算器"。

游戏　　火柴盒计算器

这个游戏可能会让孩子很痛苦，但却是让孩子练习计算的好方法！你需要一个普通的空火柴盒。仿照真正的计算器，在火柴盒背面写下数字 0~9，画上主要的运算键。然后把它拿给孩子看，并告诉孩子："它看起来可能就是个普通的火柴盒，但是，你相信吗？它有超强的计算能力哟！"

想一道孩子可能知道答案的计算题，装作按按键的样子，把题目输入火柴盒里。边按按键边大声说出题目，例如"7 加 5 等于……"，然后问孩子正确答案是多少。如果他回答"12"，你就将内盒向上推，露出之前偷偷写好的字："正确"。如果他答错了，你就将内盒反方向推，露出"错误"两个字。你可以在前几次计算的时候，把"显示屏"遮起来，好激起孩子的好奇心。

普通计算器的陷阱

孩子最初在学校接触的计算器可能会是下页图中这样的。你可能觉得，这么基础版的计算器，孩子使用的时候应该不会碰到什么问题吧？事实却是，问题非常多。

首先，就算是最普通的计算器，不同产品也有很多不同之处，不光按键的位置不同，按键的种类也不同。有些计算器没有关机键（OFF），有些有关机键却没开机键（ON）；有的除了 + 和 − 键，还单独设有 +/− 键。还有不少与 M 有关的按键，像 RCM、MRC 和 MR ，表示的都是"调用存储器内容"（Memory Recall）的意思。当你觉着计算器没其他特殊之处的时候，可能会发现代表"加减"的 MU 键（Mark Up），这个键用于计算利率或税率——对一些零售商来说，这个键很方便实用，可对大多数人而言，它却没有多大用处。

其次，计算器不尽相同，因此，你见过一个计算器，并不等于你见过所有的。虽然与成人相比，孩子素来更喜欢使用电子产品而且用得更加熟练，但仍有许多陷阱需要注意。下图呈现的便是普通计算器中的一些常见陷阱。

显示屏

通常可显示 8 位数字，普通计算器会在答案大于 99999999 时，出现错误提示（通常字很小，孩子难以注意到）。

百分比键

这个键不应该出现在计算器上（理由见后文）。

+/- 键

这个键能将正数变成负数。为避免混淆，通常会跟加号键和减号键隔得远远的，可即便如此，还是有不少孩子会混淆。

小数点键

很多计算器的显示屏在数字末尾会自动出现一个小点，这就导致孩子输入小数时，有时会误以为不需要再按这个键。

平方根键

不少孩子念完了小学都不清楚这个按键是用来干什么的。用普通计算器计算平方根时，如计算 25 的平方根，应先输入 25，再按 $\sqrt{\ }$ 键，即 $\sqrt{25}$（答案是 5）。

归零键

孩子应当养成计算前先按归零键的好习惯，不然，可能会出现下列情况：计算器显示的数字虽然是 0，可实际上，它进行的是上一个计算，如此一来，算出的答案就会是错的。

等号键

在计算器上，这个键表示"输出答案"，而不是这个词的本义"等于"。这会导致孩子在理解 2+K=20 这种数学问题时，混淆等号的含义。

百分比键

大多数计算器上面都有一个百分比键，这个键看似无害，实则暗藏陷阱，应谨慎使用。有些数学老师将其视为伊甸园中的禁果，并告诉学生："你们想按哪个键都可以，唯独一个除外——绝对不要按百分比键。"这是为什么呢？因为这个键只有用对了才能得到正确答案，但它实在太容易用错了。

比方说，若想把 $\frac{4}{5}$ 换算成百分数，要怎么换算呢？你如果按了等号键（孩子想得到答案时，通常都会按这个键），那就错了，在大多数计算器上，你会得到下面这些答案：

按以下按键时：	计算器给出的答案：
% 4 ÷ 5 =	0.8
4 % ÷ 5 =	0.8
4 ÷ % 5 =	1.25
4 ÷ 5 % =	16

在大多数计算器上，将 4÷5 换算成百分数的正确方法是按 4 ÷ 5 %，不按等号键（你可以找个计算器试试——应该会显示答案是 80，要是显示的不是 80，那就说明你用的计算器缺乏标准逻辑）。但实际上，有些计算器在使用时，需要以不同顺序按不同的按键，这足以警示我们：应尽量避免使用百分比键。

如果你确实需要使用计算器来解决百分比问题，以下便是使用普通计算器解决常见问题的方法：

将 $\frac{3}{16}$ 换算成百分数：

3 ÷ 1 6 %　　结果：18.75%

计算 250 元的 17.5%：

2 5 0 × 1 7 . 5 %　　结果：43.75 元

在 20 元的基础上征收 20% 的增值税：

$\boxed{2}\boxed{0}\boxed{+}\boxed{2}\boxed{0}\boxed{\%}$ 　　结果：24 元

售价 100 元的商品打九折：

$\boxed{1}\boxed{0}\boxed{0}\boxed{-}\boxed{1}\boxed{0}\boxed{\%}$ 　　结果：90 元

揭露计算器陷阱的 3 种方法

如果你需要更多的证据来证明计算器可能存在的陷阱，不妨试试下面几个练习。

1. 输入 $\boxed{1}\boxed{\div}\boxed{9}$，用得到的答案乘以 9，再减去 1。每个人都知道 $1 \div 9 \times 9 = 1$，$1-1=0$，但如果你用的是普通计算器，它给出的答案会是 -0.00000001。

2. 还有一个测试你的计算器功能是否强大的极端方式：用 1 除以 11，将所得结果乘以 8，再乘以 11。答案应为 8（两个 11 相互抵消，就变成了 1×8）。可计算器给出的答案却是 7.999992——这是一个简单的数字被电子计算器残忍破坏的例子。

3. 如果你想知道 87654321×12345678 的结果是否为偶数，计算器并不能给出理想的答案——它可能会把数字四舍五入，却没法确切地显示出最后一位数是几。而你不用计算器也知道，任意整数与偶数相乘，得到的结果肯定也是偶数（你也可以借助竖式乘法，自信满满地说，答案的最后一位数一定是 8）。

正确的运算顺序——BODMAS[①]

计算器有其内在的运算顺序，不过可惜的是，大多数计算器的运算顺序和孩子在学校学习的并不一样。

3+4×5是多少？是（3+4）×5，也就是35呢？还是3+（4×5），也就是23呢？看看计算器会提供给你哪个答案吧——很可能，它给出的答案是35，因为它是依次完成指令的。但很可惜，正确答案并不是这个。

有一点显然很重要：所有人都应遵循同一套规则，否则我们会算出五花八门的答案。也正因如此，才有了一个运算法则（每个人都遵守，普通计算器除外），在进行不同级运算时，应该按照特定顺序来做。

- 首先要做括号里的运算。因此，如果题目是3+4×（6-1），要先算6-1。
- 其次要进行乘法和除法运算（按从左到右的顺序算，举例来说，12÷3×4，要先算12÷3，再乘以4，答案是16）。
- 最后算加减（和乘除一样，按从左到右的顺序算）。

因此，计算3+4×5时，应该先算乘法（4×5=20），再加3，得到23。

有一个词专门就是为了帮助人们牢固掌握计算法则而发明的，你在学校可能学过，这个词常被说成是BODMAS，也有一些人说是BIDMAS，甚至还有人说是BEDMAS。不管怎么称呼，重点在于B（Brackets，括号）要最先处理，A（Addition，加法）和S（Subtraction，减法）要最后处理。

也许你在想为什么人们在第二个字母上没能达成一致呢？这是因为，就像很多缩略词一样，这个词也有点儿模糊不清。BEDMAS中的E指的是数字有

---

① BODMAS这一术语的由来，有一种说法是：B代表"Brackets first"（先算括号内的数），O代表"Order"（次方），DM代表"Division and Multiplication"（除法和乘法，从左到右），AS代表"Addition and Subtraction"（加法和减法，从左到右）。这一说法完全符合我们熟悉的"先乘除，再加减，有括号先算括号里面的"的运算法则。——译者注

"exponents"（指数）。例如，5×5 常被写作 5^2（或者 5 的平方），2 就是它的指数。在数学计算中，指数（E）的计算在括号（B）之后，在除法（D）和乘法（M）之前。

因此，3+4×（2+3）^{2} 应该这样计算：

2+3=5（先算 B）

然后 5^2=25（再算 E）

4×25=100（然后算 M）

3+100=103（最后算 A）

人们有时也会将数字的指数称作"根指数"（Index），还有人称作"次方"（Order），所以就有了 BIDMAS 和 BODMAS 这两个词。一些人甚至直接忽略指数，将 BODMAS 说成是括号（B）优先于（Over）除法（D）、乘法（M）、加法（A）和减法（S）。

测一测

i) 正确的运算顺序

a. 14+（7−6）×2

b. 3×71−（208÷4）

c. 2×6+（83+7）÷9

游戏 //// **打败计算器**

5个大数相加，能否快速算出答案？你可以用下面这个巧妙的加法小游戏验证一下——有时候，口算比用计算器算得更快。

- 请孩子任意写下两个四位数，比如：

孩子写的第一个数：5038

孩子写的第二个数：6635

- 然后，你在孩子写的数字下面写下你的第一个数：

你写的第一个数：4961

然而孩子不知道的是，你要使得你写下的数和他写的第一个数相加等于9999。这很好办——他写的数第一位是5，你就写4，相加正好是9，然后再依次写出下面的数字。

- 让孩子再写一个数，他可能会写：

孩子写的第三个数：8924

- 现在你再写一个数：

你写的第二个数：3364

这个数和孩子写的第二个数相加等于9999。

- 现在你可以提出挑战了，和孩子打赌：你用口算方法将这5个数相加的速度，一定比他拿计算器算得快。当他急匆匆地找按键的时候，你可以不慌不忙地小声嘀咕几个数字，然后写下答案：

28922

想算出答案，只需在孩子写的第三个数的前面添个2（在本例中是8924），同时用这个数的最后一位减去2。

这是怎么做到的呢？你需要做的就是用9999+9999（也就是20000-2）的结

果和孩子的第三个数相加而已。

这个小游戏说明，数学不仅仅需要进行数字运算，它还需要巧妙地思考。

/////////////////////////////////////

计算器可以帮助孩子探索数字规律

到目前为止，我们在这一章里说了不少使用计算器的弊端。当然，它也不是完全没有好处。事实上，我们大多数人都喜欢用计算器。若使用得当，计算器可以帮助我们提高运算效率。对计算能力不尽相同的孩子来说，计算器能使数字变得生动有趣，它为孩子探索并发现引人入胜的数字规律提供了一条捷径。假如没有计算器，孩子是无法体会到这份乐趣的。

比方说，在1~9之间选一个数，用它乘以37，再乘以3。最后，计算器给出的答案是由你最初选择的数字组成的三位数。假设你选的数是4，那么$4 \times 37 \times 3 = 444$。孩子很喜欢寻找类似这样的规律，也常常会重复做这些练习。

现在，在1~9之间任意选择一个数。然后乘以3、7、11、13和37，相乘的顺序可随意调换，最后的结果是由你最初选择的数字组成的六位数。假设你选的数字是5，那么——

$$5 \times 3 \times 11 \times 13 \times 37 \times 7 = 555555$$

神秘的 12345679

12345679 是一个奇怪的数，来看看它和 2~9 这几个数相乘时，会出现什么结果。

12345679×2=24691358（包含除 7 以外的所有数字）

12345679×3=37037037

12345679×4=49382716（包含除 5 以外的所有数字）

12345679×5=61728395（由上面的数颠倒顺序而来，只是 4 变成了 5）

12345679×6=74074074

12345679×7=86419753（包含除 2 以外的所有数字）

12345679×8=98765432（包含除 1 以外的所有数字）

最后：

12345679×9=111111111

用计算器学习乘法表

计算器可以用来帮助孩子背诵乘法表（虽然这个功能只有在最基本的计算器上才有）。例如，要背 3 的乘法口诀，只需要在计算器上依次按：

3 + = （在有些计算器上，你需要按两回 = 键。）

得到答案 3。

再按一次 = 键，会得到 6。如果一直按，就会依次出现 3、6、9、12、15……想要背其他数字的乘法口诀，只要把 3 换成那个数字就好。一旦你选好了数字，就可以让孩子自己去按 = 键了，计算器显示的答案能加强他对这些数字的记忆。

游戏 坏掉的按键 6

玩这个游戏时，要假装计算器上的按键 6 坏掉了——6 能出现在显示屏上，但在游戏中，按数字 6 这个按键却不顶用。这个游戏适用于不同年龄段的孩子。你怎么用坏掉的计算器算 11 减 6 呢？（当然，方法不止一种，比方说，计算 12 减 7。）你也可以把题目出得难一点儿。例如，676 除以 16 是多少？不管你想到哪种解决方法，都要通过口算才能得到答案。在这个例子中，676 除以 16 跟 338 除以 8 是一样的（将原来的两个数均减半）。

给计算器加点儿创意

如果你把计算器上的某些数字上下颠倒，它们就能变成英文字母。也许你还记得小时候能在颠倒的显示屏上看到 ShELL OIL。现在，很多普通计算器上显示在屏幕上的数字是这样的：

54

数字 5 看起来像 "S"，颠倒后的数字 4 像 "h"。（在精细复杂的现代计算器上，数字 4 颠倒之后并不像 "h"。）

你可以将这个颠倒字母的游戏变成一个欢乐的小挑战，让孩子参与其中。给孩子看下面 4 道谜题，他需要通过计算得出答案，才能揭开谜底。

1. 什么东西拿走得越多，变得越大？ 463×8

2. 如果萨莉吃了 5 根香肠、4 根巧克力棒，然后又喝了 8 罐柠檬水，那她会怎么样？ 257×3

3. 英国首相见到美国总统时，说的第一句话是什么？ 1289×6÷10000

4. 美国总统又是如何回答的？ 5×802−4000+4

在孩子明白了出题规则之后，你可以让他自己编谜题、列算式，由你来猜。这样的话，轻轻松松就能让孩子投入到各种复杂计算中。

平方根键初探

上小学的孩子并不需要熟悉计算器上的平方根键，不过，让孩子知道平方根键会对数字产生奇怪的影响，从而引起他的好奇心，也不见得是坏事。

首先，孩子会发现，如果他输入了一个较大的数，然后按下平方根键，输入的数就会发生改变——他甚至还没有按等号键。因此，如果按下 100 $\sqrt{}$，计算器就会显示 10。你也可以指出，只要他一开始输入的数比 1 大，按下 $\sqrt{}$ 键后，这个数就会变小。对绝大多数随机输入的数来说，通过这一操作得到的答案，其小数点后面一般都会有很多位数。

其次，对于像 9、25、144 这样的平方数，按下平方根键会得到一个让人开心的整数，这样孩子应该很快就能明白，开平方是平方的逆运算：$\sqrt{9}=3$，而 3×3=9。

平方根的估算

在介绍平方根键之前，你可以和孩子进行一项有趣的挑战：估算平方根。悄悄地往计算器里输一个数，比方说 15，然后乘以它本身。把计算器拿给孩子——他能猜出你最初输入的数字是多少吗？为了找出这个数字，他会不断尝试，不断改进——先选一个数，算出它的平方，再根据答案是过大还是过小来进行调整。用这种方法探索哪个数的平方是 10，有助于孩子探究小数点后有多位数的数的本质。

还有一项挑战和上面估算平方根的挑战类似。你可以偷偷地在计算器上将两个相邻数相乘，如 36 乘以 37。在看到计算器上"1332"这个数后，孩子能猜出它是 36 和 37 这两个数相乘的结果吗？

测一测

ii) 相邻的数

哪两个相邻的数相乘等于 4692 呢？

游戏 平方根和蜡烛

● 在计算器上输入 390625。为使这个数变得有趣，你可以讲一个和它有关的小故事。开头就这样讲好了：有 10 个标号为 0~9 的隐形盒子，里面各放着一支彩色蜡烛。请孩子选一种颜色。如果孩子选的是粉色，你就说："啊哈，在 3 号盒子里。"——实际上，不管他选的是哪种颜色，你都能这样说——然后在计算器上输入 3。"再选一种颜色。""蓝色。""在 9 号盒子里，我们把它输入进去。"之后输入 9。每当孩子想出一种颜色的蜡烛时，它们恰巧依次在标号为 3、

9、0、6、2、5 的盒子里。

● 现在，将你的拇指悄悄地放在平方根键上面，然后，请孩子将蜡烛吹灭。在他第一次吹的时候，你偷偷按下平方根键，3、9、0 这几支蜡烛会"熄灭"，只剩下 625。请他再吹一次，这回 6 会熄灭。再吹一次，2 也会熄灭。最后请他使劲吹一次，在他吹的同时，你将拇指移到 OFF 键上，数字就全部消失了。有些使用太阳能电池的计算器没有 OFF 键，那么这时候将计算器上显示的数字全部消除的唯一办法，就是将房间里的灯关掉！

为什么这些数字会依次消失呢？这是因为 5、25 和 625 有同一个特性：当你算它们的平方值时，它们会出现在答案的末尾。

游戏 6-1-6

这个游戏不一定非得有计算器才能玩，不过你可以在游戏的最后阶段使用精密的计算器（能计算数字的几次方的那种）。

准备 3 张卡片，在上面写上数字 1、6、6（将"1"写成一条简单竖线就好）。让孩子试着用 3 张卡片组成一个最大的数，之后，再让孩子试着组成一个最小的数。

孩子不难得出这样的答案：661 是最大的数，166 是最小的数。这些当然都是不错的答案，但其实开动脑筋，你还能发现很多可能性。如果将 6 上下颠倒呢？它就会变成 9，那现在最大的数就成了 991。

不光如此，如果将 1 水平放置呢？你就可以将卡片组成 $\frac{9}{9}$，也就是 1。如果你把 1 看作减号，就能得到 9-9=0。甚至能得到小于 0 的数，最小可以得到 -99。如果你很想启发孩子的思维，而且认为他已经做好了准备，你甚至可以给他讲解次方的概念。9^2 代表 9×9，同样地，9^6 代表 $9 \times 9 \times 9 \times 9 \times 9 \times 9$。也就是说，如果你真想得到一个非常大的数，你可以写成 9^{91}，这是个非常大的数，它代表的数量，比整个宇宙中的原子数还要多。同时，最小的数可以写成 -9^9，算出来约等于负三亿八千七百万。这可是一个会让银行坐立难安的数呢！

　　在下一章中，我们会深入探讨次方。

第十六章　给小朋友讲大概念

问：请画出一个有 3 条对称轴的图形。①

答：

这个孩子把对称轴（symmetry）跟墓地（cemetery）这个词搞混了。

　　本书中多数内容都是孩子在小学低年级会学到的数学知识。那么，那些比较复杂的概念像代数、几何、对数还有无穷大呢？那是初高中才学的内容，不是吗？没错，学校课程确实是如此设置的，但其实，初高中数学里的很多概念，一个聪明的 10 岁孩子不仅能理解，还会很感兴趣。在本章中，我们会提供 7 种方法，告诉家长如何将初高中数学的一些内容介绍给孩子，里面也会涉及一点"魔术"。

---

①此处原文为"Draw a shape with three lines of symmetry"。——译者注

代数的魔力

想一个数字，任何你喜欢的数字都可以。不过，还是挑个小于 10 的数比较好，便于计算。

将它加倍。

加上 10。

用所得答案除以 2。

最后减去你一开始想到的那个数。

我们猜你最后得到的数是……5。

没错，就是这个数。

孩子通常都很喜欢这个游戏，因为它感觉就像魔术。不过，要当心的是，9 岁以下的孩子计算时很可能会出错，最后得到的答案不是 5 而是其他数字，这会让这个魔术看起来没那么神奇。孩子喜欢一遍又一遍地试，看看能不能找出这个魔术的破绽。随着胆子越来越大，孩子可能以为自己找到了一个例外的数能拆穿这个把戏，可到头来却发现，只是自己计算出了问题（因此，如果他得到的数不是 5，请他告诉你最开始选的数是多少，跟他一起算一遍，然后微笑着假装"发现"最后得到的数仍旧是 5）。这个游戏的结果确实总是 5，不管你选的数有多大，也不管你选的是小数还是负数。

做这些计算有助于孩子练习基本的口算技能，但孩子可能会好奇：为什么这个游戏能行得通？在解释这个问题时，你可以给孩子选定的数字起个名字。为什么不取一个孩子觉得好玩的名字呢？比如叫"点点"，然后想象数字"点点"现在被装在一个信封里。我们现在就用"点点"这个名字来玩这个游戏吧。

- 想一个数：点点。

- 将它加倍。你会得到什么？点点点点（或者说两个点点），也就是说，现在变成了两个信封里面都有点点。

- 加上 10——可以是任意 10 个东西，我们这里把它们说成 10 根手指好了。你现在有两个点点加 10 根手指。

- 用得到的答案除以 2。"两个点点和 10 根手指"的一半是"一个点点和 5 根手指"。

- 最后减去你一开始想到的那个数字，也就是点点。"一个点点和 5 根手指"减去点点，最后剩下的就是 5 根手指。

换句话说，在这个游戏中，你最初选的数字（"点点"）是几并不重要，因为你最后都会把点点减掉，只剩下 5（根手指）而已。

我们用点点来代表未知数，这个过程其实有一个正式的名称：代数。这里所说的代数和中学学到的代数最大的不同在于，在中学里，未知数不叫"点点"这么有趣的名字，而是叫作 x、y。成年人常常抱怨，一直想不明白上学的时候，为什么非得用字母代表数字？点点的魔术戏法证明，给未知数起名字是个好办法。

顺便说一句，一旦你弄懂了这个游戏的基本原理，你就可以试着改变游戏指令，看看会发生什么。比方说，你要在原来的基础上做何改动，才能使这个游戏最后的结果永远是 6 呢？（答案是：加 12，而不是加 10。）如果将数字变为原来的 3 倍，而不是 2 倍呢？无限的可能性等你去探索……

给地图上色

数学有时会在最不可能出现的地方出现。举个例子，给地图上色时，你通常不想让相邻两个区域同色。数学家们花了 100 多年的时间才证明：最多只需要 4 种不同的颜色，就能使一张地图的相邻区域不同色（相交于一点的区域可以同色）。你可以找张地图亲自试试。

　　这个游戏还可以稍微变一变，不过，很多人不太清楚怎么做。拿一支笔在白纸上涂鸦，笔尖不离纸，一笔画出，最后再回到起点。你会画出类似下面这样的图：

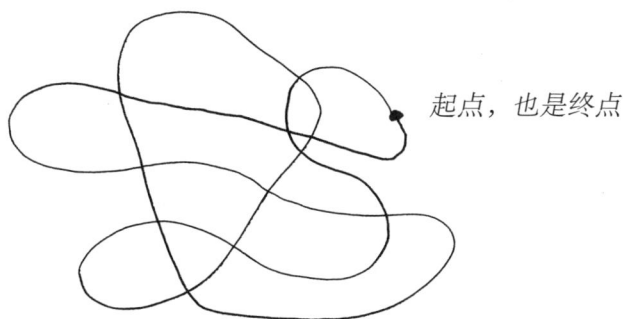

起点，也是终点

　　要使这张图相邻区域不同色需要几种颜色呢？永远都是只要两种颜色——对任何一幅这样的涂鸦画来说，用两种颜色进行填充就足以让相邻区域不同色。比方说，你可以把它涂成相邻区域不同色的黑白画：

　　孩子可以对此做一番探究，但若想证明其中的原理，就要用到一些与图论（graph theory）相关的复杂数学知识了。图论问题虽然很有趣，可太过复杂了，远远超出了小学生的理解范畴。

读心卡

常言道:"越古老,越美好。"用这句话来形容颇受欢迎的读心术游戏,可是一点儿都没错。在圣诞拉炮①和孩子的魔术道具中常用到读心术游戏。你需要 4 张下面这样的数字卡片。

第一张卡片

8	9	10	11
12	13	14	15

第二张卡片

4	5	6	7
12	13	14	15

第三张卡片

2	3	6	7
10	11	14	15

第四张卡片

1	3	5	7
9	11	13	15

---

①圣诞拉炮:英国人过圣诞节的传统习俗。现在流行的圣诞拉炮玩法是:用硬纸板做成一个筒,外面裹上彩纸,像一个特别大的水果糖;两人一人拉一头,让拉炮"爆开",拿到大头的人获得里面的小礼物(一般是纸质皇冠、小玩具、写有搞笑谜语的小纸条等)。——译者注

你可以这样说："在 1~15 之间，想一个数字，但别告诉我是多少。现在我把 4 张卡片依次拿给你看，每拿出一张，我都会问，'你想的数在这张卡片上吗？'。如果你回答'是的'，我就会把那张卡片放到一旁。等我给你看完这 4 张卡片，我就可以奇迹般地告诉你，你想的数字是几！"

要找出这个数字，你需要将写有这个数的卡片上左上角的数相加。如果你想的那个数只出现在一张卡片上，那卡片左上角那个数便是你要找的数。

举例来说，假设你想的数是 13。这个数除了没在第三张卡片上出现，在其余卡片上全出现了。写有 13 的 3 张卡片左上角的数字分别为：1、4 和 8，将它们相加，1+4+8=13。它真的行得通！可这是为什么呢？

看看下面这组数：

1、2、4、8、16、32、64

这些数都叫作 2 的次方。后一个数都是前一个数的 2 倍，而这也正是读心卡背后的秘密。每张卡片上的第一个数都是 2 的次方。

可以发现，将 2 的不同次方相加，能够得到任意整数。举例来说：

要得到 6，将 4 和 2 相加；

要得到 9，将 8 和 1 相加；

要得到 14，将 8、4 和 2 相加。

以下为得到数字 1~15 的方法：

	8	4	2	1
1	否	否	否	是
2	否	否	是	否
3	否	否	是	是
4	否	是	否	否

	8	4	2	1
5	否	是	否	是
6	否	是	是	否
7	否	是	是	是
8	是	否	否	否
9	是	否	否	是
10	是	否	是	否
11	是	否	是	是
12	是	是	否	否
13	是	是	否	是
14	是	是	是	否
15	是	是	是	是

　　每个数字都可以用"是"和"否"的特定组合来描述。譬如，数字 3 可描述为"否否是是"，13 可描述为"是是否是"。用 1 来代替"是"，用 0 来代替"否"，那么 3 就是 0011，13 就是 1101。这就是所谓的二进制数字。计算机采用的就是基本的二进制，这是因为，计算机最基础的工作原理，就是做出"是 / 否"的判断。因此，二进制十分重要，或许能称得上是"世界上最重要的数字系统"。

　　要判断将哪些数字放在哪张卡片上，只要看表格的每一列哪些地方出现了"是"。第一列（8）中，数字 8、9、10、11、12、13、14、15 对应的都是"是"，因此，就将这些数放在第一张卡片上。第二列（4）中，数字 4、5、6、7、12、13、14、15 对应的都是"是"，因此，就将这些数放在第二张卡片上，以此类推。

　　为使这个游戏给人留下更深刻的印象，你可以将卡片数量由 4 张升级为 5 张。要想算出哪些数字应该出现在哪张卡片上，你需要画更大一些的表格。在第一列（8）的左侧再添一列（最上面写 16），而表格最左侧的数字则要从 1 写到 31（最大数字便是 31，由 1、2、4、8 和 16 相加得到）。你最后得到的 5 张卡片会是：

1	3	5	7	9	11
13	15	17	19	21	23
25	27	29	31		

2	3	6	7	10	11
14	15	18	19	22	23
26	27	30	31		

4	5	6	7	12	13
14	15	20	21	22	23
28	29	30	31		

8	9	10	11	12	13
14	15	24	25	26	27
28	29	30	31		

16	17	18	19	20	21
22	23	24	25	26	27
28	29	30	31		

现在，万事俱备，只欠东风了，请孩子在 1~31 之间选一个数字吧！

次方的次方

要将整个可观测的宇宙填满，需要多少粒沙呢？这个问题问得很傻，因为不会有足够多的沙来填满宇宙。沙子要从哪儿来呢？但孩子可是很喜欢傻问题的，而且，这个问题还有个听起来很傻的答案：大概百万亿亿亿亿亿亿亿亿亿亿亿亿亿亿亿……再乘以 3 那么多的沙！如果写下来，就是 3 后面有 90 个 0，即：

$$3\ 000\ 000\ 000\ 000\ 000\ 000\ 000\ 000\ 000\ 000\ 000$$
$$000\ 000\ 000\ 000\ 000\ 000\ 000\ 000\ 000\ 000\ 000$$
$$000\ 000\ 000\ 000\ 000\ 000\ 000\ 000$$

这个数写出来可真是长呀，幸好，数学家有一种简略形式，这个巨大的数字可以写成 3×10^{90}。这里的"90"被称为次方或指数，有时也称为（注意，可怕的词出现）对数（底数是 10）。

大部分家长还记得自己上学时碰到过对数，但是，对于对数是什么、用来做什么，他们却很难说得上来。其实，对数概念是可以介绍给 10 岁孩子的。

可以先提醒孩子，边长为 10 米的正方形的面积是 10×10，或"10 的平方"，同时可简写成 10^2。这是合理的，因为数字 10 在题目中出现了两次。

因此，$10 \times 10 \times 10$ 写成 10^3 也很合理。

那 $10^3 \times 10^2$ 是多少呢？完整写出来就是：$10 \times 10 \times 10 \times 10 \times 10$，或者 100000，用简略形式写就是 10^5。你注意到了吗？5 是由 $10^3 \times 10^2$ 这个算式中 10 右上方的数字 3 和 2 通过简单相加得来的。

这种相加的方法一直有效吗？算算 $10^2 \times 10^4$ 是多少呢？如果前述的加法规则适用，那答案应该是 10^6，因为 2+4=6。可以快速地验证一下，这的确是正确答案。$100 \times 10000 = 1000000$，即一百万。

也就是说，对数可以将乘法转化成加法，而且对任何底数都适用。因此，$3^2 \times 3^4 = 3^6$（2+4=6）。写完整就是，3×3（9）乘以 $3 \times 3 \times 3 \times 3$（81）等于 $3 \times 3 \times 3 \times 3 \times 3 \times 3$（729）。当数字太大没法用计算器计算的时候，对数就派上用场了。现在试着验证一下 $17^9 \times 17^4$ 的答案。此时，由于数太大，计算器可能出现了"错误"提示，但你仍可以自信地说，$17^9 \times 17^4 = 17^{13}$。

如果你的孩子能够理解这个加法规则，认为它有助于计算，你就可以将次方的概念进一步延伸。3^0 是什么意思？大多数孩子（甚至成年人）可能认为等于 0，但如果你明白了加法规则，那么 3^0 肯定是等于 1 的。为什么呢？计算一下 $3^0 \times 3^2$。按照加法规则，0+2=2，那么答案肯定是 3^2。换句话说，$3^0 \times 9 = 9$，也就是说，3^0 肯定等于 1。实际上，按照这个规则，任何数的 0 次方都等于 1！

这可能需要一点儿时间去消化吸收，你可能也想就此止步。不过，也许你和孩子还想多了解一些内容，想知道加法规则是否同样适用于分数和负数呢。举例来说，$10^{\frac{1}{2}}$是 10 的平方根（约为 3.16），因为 $10^{\frac{1}{2}} \times 10^{\frac{1}{2}} = 10^1$。那负数呢？$10^{-1}$ 是 0.1，或$\frac{1}{10}$，因为 $10^{-1} \times 10^1 = 10^0 = 1$。好了，够啦！

这些都是比较复杂的概念，其中某些概念孩子可能理解不了。但也别忘了，很多孩子都对超大数着迷，毕竟，只用三四个数字（如 10^{91}）就能表示出浩瀚的宇宙空间，这确实是值得探索的数学之谜。

三角形的面积

我们现在回归到正常的数字吧。在第 183~184 页，我们介绍了一种通过数小正方形来计算三角形面积的方法。但其实，很多家长也知道，有一个公式能准确计算三角形的面积，你应该还记得，它就是"$\frac{1}{2}$（底 × 高）"。

因此，如果这个三角形底是 6 米，高是 3 米，那它的面积就是$\frac{1}{2} \times 6 \times 3 = 9$（平方米）。

但是，为什么三角形的面积是"$\frac{1}{2}$（底 × 高）"呢？对大部分家长而言，从未有人跟他们解释过这个问题，他们只记得这个公式。

实际上，这个问题解释起来并不难。你弄懂了之后，就可以教给孩子。拿一个你喜欢的三角形，想象把它的最长边放置到水平位置：

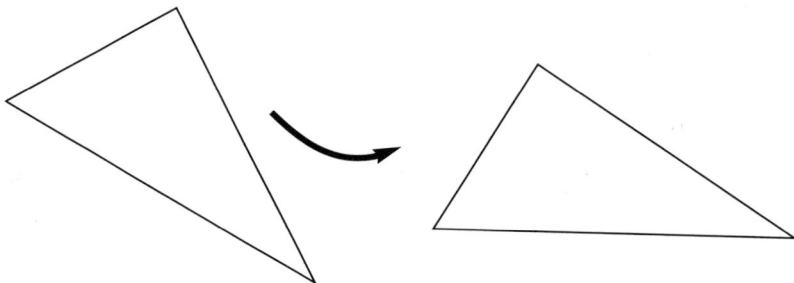

现在，想象将这个三角形放进一个大小刚好合适的盒子里，从三角形的顶端（顶点）向底边画一条垂线：

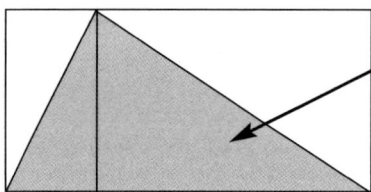

三角形的每个部分都是长方形的一半，因此三角形的总面积也是整个长方形面积的一半——换句话说，就是底乘以高的一半。

将这些长方形拼在一起，就能解释为什么三角形总是可以镶嵌在一起了。

将两个完全相同的三角形并排放在一起，这两个三角形之间的空隙部分组成的三角形，经过旋转一定能和原三角形重合。因此，这些三角形可以放进一个可无限延伸的长方形中。

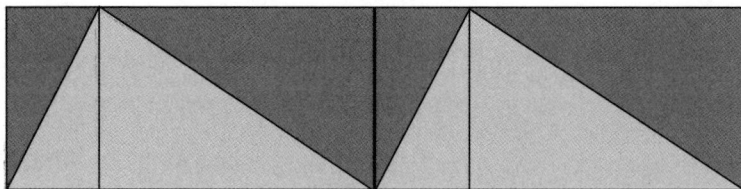

以上图形便是很直观的证明——而证明是数学中最为重要的方法之一。你可以十分肯定地说，无论是在过去、现在还是将来，无论是在世界的任何地方，无论三角形的形态如何，它的面积也永远都是"$\frac{1}{2}$（底 × 高）"。

是什么让圆如此特别？

有这样一个古老的谜题：农夫贾尔斯养了一只羊，现在他想用长 120 米的栅栏围成一个能圈进最多草皮的羊圈。

最初，他将栅栏围成了一个边长为 40 米的等边三角形（因此周长为 120 米）：

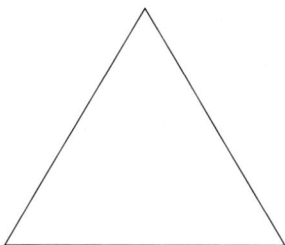

它的面积将近 700 平方米（底是 40 米，高将近 35 米）。

还有没有比这更好的方法呢？他又将 120 米长的栅栏重新围成了一个 30 米 × 30 米的正方形：

现在，正方形的面积是 30×30=900 平方米。因此，在栅栏长度一定的情况下，正方形所圈的面积要比三角形更大。

接着，他又试着将图形改成了边长为 20 米的正六边形：

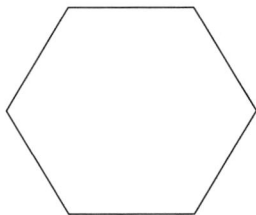

现在这个图形的面积是 1039 平方米（计算正六边形面积的一种方法是，算出图形内每个等边三角形的面积，然后乘以 6）。

因此，如果栅栏的长度一定，似乎是图形的边数越多，最后围成的面积就越大。

再进一步实施这个想法，在试过十边形和二十边形之后，随着边数的不断增加，农夫贾尔斯圈出的区域越来越像一个圆形了。事实上，圆形是一个有无限条边的多边形。如果贾尔斯将 120 米长的栅栏围成一个圆形，他就可以圈出近 1150 平方米的区域，远远大于最初三角形的面积，而实际上，这也是 120 米的栅栏能圈出的最大面积了。上面提到的只是圆众多的重要特性之一，也正因如此，圆在几何图形中占有突出地位。

顺便提一句，这种使用更小，然后再小，直到无限小的步骤来寻求答案的概念，正是高等数学里面最重要的领域——微积分的基础。我们现在对于高等数学的大部分认知都要归功于微积分，同时要感谢艾萨克·牛顿[①]（Isaac Newton）等人提出了"无穷小"的数学概念。这也就引出了我们本章的最后一个主题……

---

①艾萨克·牛顿：英国物理学家、数学家与天文学家，经典力学基础牛顿运动定律的建立者以及万有引力定律的发现者，对微积分的发明也做出了重要贡献。——译者注

无穷及之后

下次孩子看《玩具总动员》或者玩巴斯光年玩具的时候，你可以问问他巴斯光年的口头禅——飞向宇宙，浩瀚无垠！通常孩子自五六岁起，就会对"无穷"这个概念感兴趣，因为这是"最大"的数字。真的是这样吗？按照巴斯光年的说法，"无穷"似乎是可以被超越的。

无穷确实是个很奇特的概念。你可以给孩子讲讲希尔伯特旅馆的故事，好让他对无穷有更加深入的了解。

很久很久以前，有一家有着无穷多个房间的旅馆——希尔伯特旅馆。可让人难以置信的是，有一天晚上，这家旅馆居然客满了！1号房间、2号房间、3号房间、4号房间……一直到无穷都有客人住。这时，有一个人出现在前台，问道："还有空房间吗？"客房经理想了一下，回答说："先生，您运气真好，有房间。"然后，这位经理向所有已入住的客人发送了一则消息："请换到比您现在居住的房间号大一号的房间。"于是，1号房间的客人换到了2号房间，2号房间的客人换到了3号房间，3号房间的客人换到了4号房间，以此类推。只要是你能想到的数字，不管多大，总会有比它大1的数字，因此，现在每个人都有一个房间，而且每个房间都有人住——除了现在空着的1号房间。经理于是将1号房间的钥匙交给这位新来的客人。

通过这一道关于无穷的古怪的数学故事，你现在可以回答这个问题了——"无穷加1等于多少？"答案是：无穷加1等于无穷。大部分念初中甚至念高中的孩子都没接触过无穷加1的概念，也没听过希尔伯特旅馆的故事。通常来讲，这些概念到了大学才会开始被讨论。不过你会发现，8岁的孩子却对此很着迷。

这个故事你可以接着往下讲。第二天，来了一辆旅游大巴，大巴上有无穷多个人。旅馆仍然客满，那他们要怎么办呢？庆幸的是，经理灵光一闪，想到了一个办法。这次他又向所有的客人发送了一则消息，请他们换到房间号是现在房间号的 2 倍的房间。于是，1 号房间的客人换到了 2 号房间，2 号房间的客人换到了 4 号房间，以此类推。每个数字都能找到是它 2 倍的数字，因此每个人都找到了一个房间。把数字依次写下来，如下图，你就能看出是怎么回事了。

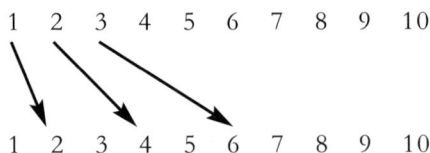

$$1 \quad 2 \quad 3 \quad 4 \quad 5 \quad 6 \quad 7 \quad 8 \quad 9 \quad 10$$

$$1 \quad 2 \quad 3 \quad 4 \quad 5 \quad 6 \quad 7 \quad 8 \quad 9 \quad 10$$

旅馆的所有客人都换到了偶数号的房间里，也就意味着，所有奇数号的房间现在都空出来了。既然奇数有无穷多个，那么，大巴上的无穷多个人自然每人都能分得一个房间。也就是说，2 乘以无穷还是无穷。

看起来似乎无穷真的无法被超越。但其实，并不是这样。如果有一辆载着无穷多个旅客的大巴出现，而且这些旅客穿着写有不同数字的 T 恤，而这些数字是 0~1 之间所有可能的小数，那么这一次人的数量就会比房间数要多了。世界上确实存在比我们数数时所想到的无穷还要大的无穷，但这是个非常大的概念，或许等孩子长大一点儿再讲给他会更好。

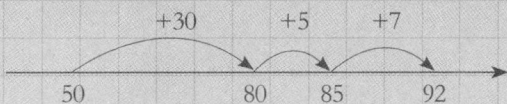

$50 \quad 80 \quad 85 \quad 92$
$+30 \quad +5 \quad +7$

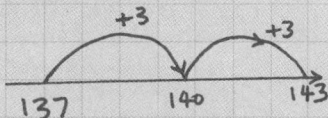

100	74
300	222

3

$= 522$

$137 + 6 = 143$

$+3 \qquad +3$

$137 \qquad 140 \qquad 143$

$\dfrac{16}{64} = \dfrac{1}{4}$

$24\overline{)756}$
$240 \quad 10x$
516
$240 \quad 10x$
276
$240 \quad 10x$
36
$24 \quad 1x$
12

第四部分

思维测验

52

$22\overline{)739}$
$660 \quad 30x$
79
$66 \quad 3x$
13

$= 33余13$

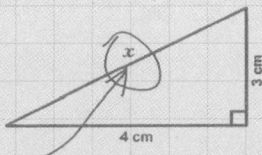

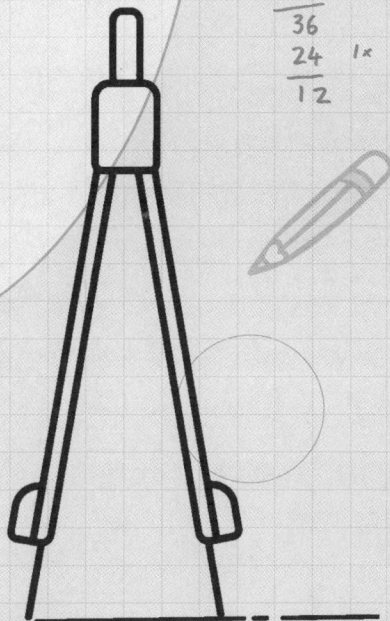

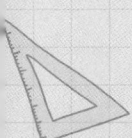

第十七章　解题思路和思维测验

解题思路

在英国，孩子在 11 岁左右的时候就得接受测验了，有可能是政府组织的全国性考试，或者是精英学校的入学考试。不管孩子面临的是何种测验或考试，应当说，家长的焦虑心情丝毫不亚于孩子。

我们把这些测验题收录到本书中，并非为了教孩子如何通过考试，而是要让各位家长了解一下孩子以后会碰到哪些类似的题。以下我们列出的这些测验题，都曾在过去 10 年里的考试题里出现过。你也可以参考后面附的答案，希望对你有帮助。我们选择的这些测验题可能比一般的试题要难，但之所以选这些题，就是因为从中能够发现一些家长或孩子特有的问题。试着做做这些题，然后对照看看后面的答案。答案部分不仅仅给出了答案，还写出了家长和孩子做题时的感受和心得，同时提供了数学家做这些测验题时的方法。

现如今的测验与传统的数学考试有很大不同，如果不了解这一点，你就会遇到下面的困扰：

1. 题干叙述较冗长，需要花点儿时间才能看懂它究竟想问什么。

2. 通常需要不只一步才能把题目做出来（而且可能会涉及两种不同领域的

数学知识点，比如图形和分数）。

这类题之所以存在，就是为了测试孩子运用数学知识解决实际问题的能力。在日常生活中，我们几乎不会遇到像"2481 减去 1923 是多少"这样直截了当的数学问题。因此，这些测验题能够帮孩子做好面对现实世界的准备，至少在理论上是如此。

遇到一些试题的时候，你可能会问自己："到底该从哪里入手呢？"这就说明你做题"卡住"了。你可以用两种方法来解决这个问题。第一种是问自己："现在的已知条件是什么？"第二种是选一个可能的答案（即使你清楚地知道它是错的），然后进行验证。像这样不断地进行验证，慢慢地你就会发现规律。很多人觉得使用试错法很丢人，但实际上，不管数学能力如何，试错法是所有数学家都会用到的一种方法。无一例外的是，巧妙的、正确的解题策略都是在尝试了看似笨拙的、不中用的方法之后才发现的。

有些家长告诉我们，在做题之前他们会觉着有点儿反胃或根本不想做，而当他们真正认真去做的时候，他们发现这些题目并没有想象的那么难，甚至有些人说，他们发现自己乐在其中！这是一种怎样的数学体验呢？

思维测验 1——不得使用计算器

1. 计算 7.6−2.75。

2. 卡伦知道 74×3=222，她要怎么利用这个事实计算 174×3 呢？

3. 亚当在方格纸上画出了以下图案：

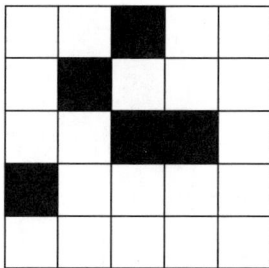

然后将它进行了旋转，如下图。请给图案缺失部分涂色。

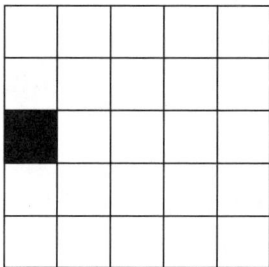

4. 彼得需要算出买两个橘子和一个苹果花多少钱。

请选出彼得回答该问题所必需的信息（可多选）：

[ ] 橘子比苹果贵 1 元

[ ] 苹果的售价为 5 元

[ ] 彼得有 10 元钱

5. 有一个数列：

40、80、120、160……

该数列中的数字每次增加 40，且一直延续下去。请问 2140 会出现在这个数列中吗？请给出你的答案及理由。

6. 在一次学校郊游中，每个人都分到了 3 个三明治、2 个苹果和 1 包薯片。一共有 45 个三明治，那总共有多少包薯片呢？

7. 两个长方形板子上各有一个旋转指针，如下图：

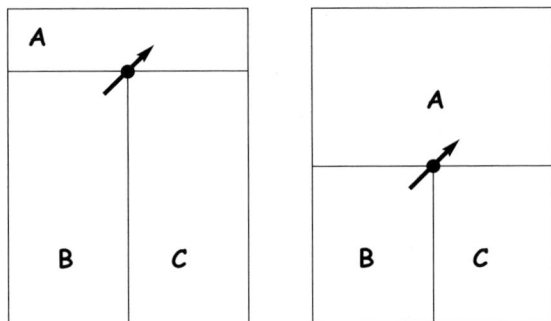

萨姆声称，如果你转动两个板子上的指针，第二个板子上的指针会比第一个板子上的指针更容易指向区域 A。他说得对吗？给出你的答案并加以说明。

8. 如果想把水壶的水加到 400 毫升，还需要往里加多少水呢？

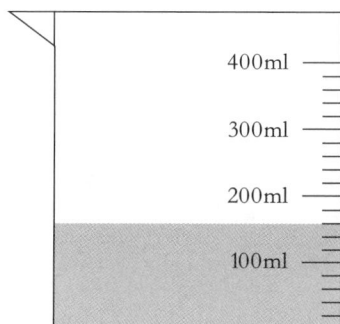

9. 亚历克斯在心里想了一个数。

他用这个数的一半加上这个数的$\frac{1}{4}$，最后得到 60。

他一开始想的数是多少？

10. 已知图 1 中上色区域占正方形的$\frac{1}{3}$。

图 1

图 2 和图 3 中出现的正方形和上面的正方形是一模一样的。

a) 图 2 的几分之几被涂上颜色了呢？

图 2

b) 图 3 的几分之几被涂上颜色了呢?

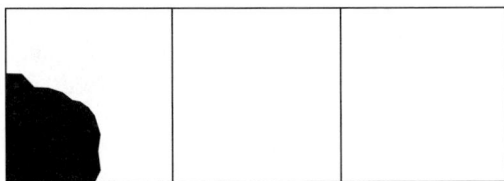

图 3

11. 这是一条数轴。

请粗略估计一下 125 大致在数轴的哪个位置,并标注出来。

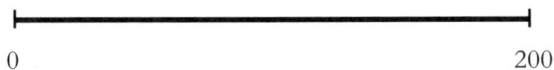

0   200

12. 一个三角形的顶点坐标分别为 (1,3)、(5,3)、(5,9),将它以图中的虚线为轴作对称图形。

通过轴对称得到的三角形其中的一个顶点坐标是 (11,3),请问另外两个顶点坐标是多少?

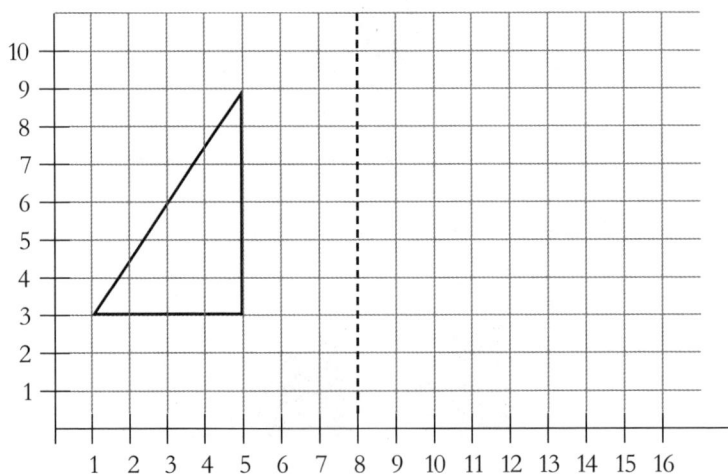

13. 下图是一个不规则四边形。

请在方格纸下方画出一个和它面积相同的长方形。

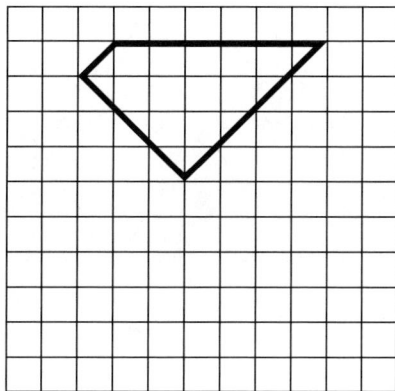

14. 以下是白天所有从艾波顿和比格镇发车的列车时刻表：

艾波顿	9:20		11:20	13:20		16:20
比格镇		9:40			13:40	
米德顿	10:58		11:58	13:58		16:58
伊斯顿	11:18	11:29	12:18	14:18	15:17	17:18
北桥镇		12:05			15:51	

有几班列车在下午 3 点之前离开艾波顿？

从比格镇发车的第一趟列车，需要行驶多久才能到达北桥镇呢？

15. 下面这个长方形里，恰好可以放进 4 个小等边三角形和 3 个大等边三角形：

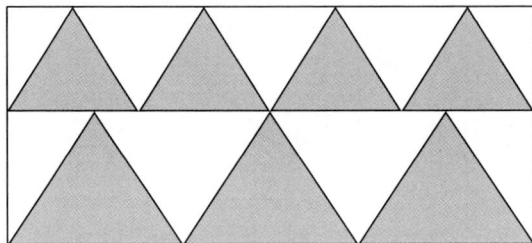

已知小三角形的边长为 6 厘米，请问大三角形的边长是多少呢？

16. 请将下图的 $\frac{4}{6}$ 涂上色。

思维测验 2——可以使用计算器

17. 请问 735 的 60% 是多少?

18. 请问 12.5×（18.9+61.1）是多少?

19. 已知 17 乘以本身会得到一个三位数: 17×17=289。

　　那么，乘以本身会得到四位数的最小正整数是多少?

20. 已知 [ ] 的 30% 是 60。

　　请问 [ ] 处应填多少?

21.

请从以上数字卡中选择 5 张，使下面的等式成立。

22. 请写下 3 个相乘等于 385 的质数。

$$\boxed{} \times \boxed{} \times \boxed{} = 385$$

23. 如图所示，长方形内有一个等边三角形。请计算角 x 的值。

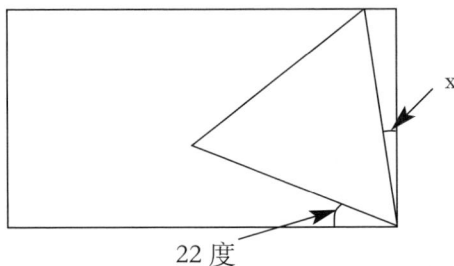

（图形非 1∶1 比例，请勿使用量角器）

24. P 和 Q 代表两个整数。

P 比 Q 大 200，且 P+Q=350。

请计算 P 和 Q 的值。

25. 在 50~70 之间有两个数相乘等于 4095。

请问这两个数是多少?

26. 这里有一个立方体，它的上半部分涂有阴影，下半部分为白色。

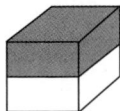

以下是这个立方体的展开图。

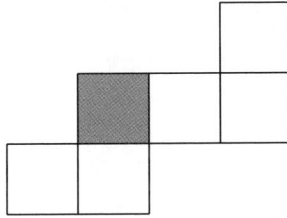

请将它原有的阴影部分填涂完整。

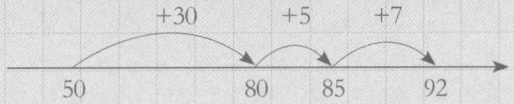

+30 +5 +7

50   80 85 92

$3 \overline{}$ 100 | 74

300 | 222

$= 522$

$137 + 6 = 143$

+3   +3

137   140   143

$\dfrac{16}{64} = \dfrac{1}{4}$

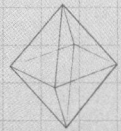

第五部分

答案集

$24 \overline{)756}$
240 10x
516
240 10x
276
240 10x
36
24   1x
12

$22 \overline{)739}$
660 30x
79
66   3x
13

$= 33 余 13$

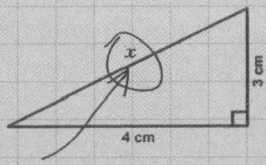

x

3 cm

4 cm

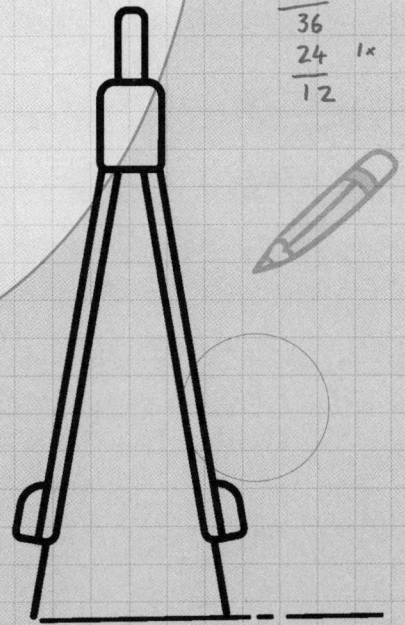

第十八章　思维测验的答案

思维测验 1 的答案

1. 答案是：4.85。

解析：很多（但并不是全部）家长觉得这样的问题很简单，但对孩子来说就是另外一回事了。孩子困惑的地方在于，2.75 的小数点后有两位数字，而 7.6 的小数点后只有一位数字。如果你把数字想成金钱，能好理解一点儿。7.6 就是 7.60 元，2.75 就是 2.75 元，现在，几乎每个人都可以算出正确答案了。把 2.75 元四舍五入成 3 元（多减了 0.25 元），再加上 4.6 元得到 7.6 元，那么答案就是 4.85 元。不过，如果没有把数字想成金钱的这一步（很多孩子都想不到这一步），不用计算器算就很容易算错。

2. 答案是：$3 \times 174 = 3 \times 74 + 3 \times 100 = 222 + 300 = 522$。

解析：爸爸妈妈们能轻松答对这道题，不过，他们当中的大多数更乐于直接做计算，而忽略了题目的要求。其实，成年人普遍看不出已知 3×74 的答案对于解题有什么帮助。有个妈妈在做这道题时，尝试列一个完整的乘法竖式来计算，但发现这样做有难度。她 8 岁的儿子示范了他是如何用格子法算出答案的，如下图。

$$= 522$$

　　然后这位妈妈瞬间明白了这道题有多简单，而且重点是，她现在弄清这个题的解题思路了。这个例子很好地说明，用"新"方法做乘法能帮孩子（和成年人）更好地理解题目表达的意思。

3. 答案是：

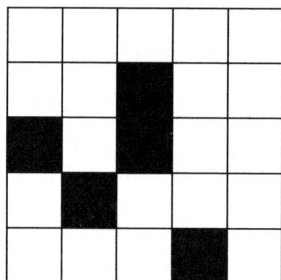

　　解析：这个题简单吗？大多数家长会觉得简单，但也有一些家长觉得有难度。

　　有一位特别不擅长空间思维的妈妈说，她当时把这一页向左旋转了90度，想参照上面的图把缺失部分画出来，却发现下面的图也跟着旋转了90度。通常，孩子被鼓励使用描图纸来应对这类问题。这是本书中出现的第一道视觉／空间题，虽然对很多家长和孩子来说，这类题难不倒他们，但也有一些人对此感到很头疼。事实上，有些数学思维能力极强的人也会被数学视觉／空间问题困扰。

4. 答案是：在前两个方框内打钩，第三个不打钩——"彼得有 10 元钱"的表述与题目不相干。

解析：大多数家长都能轻松作答，不过，他们宁愿直接进行计算，而不是在方框里打钩。这道例题是想让孩子解释他的解题**策略**，而不是实际作答。它重点测试孩子辨认某条信息是否冗余的能力——这是一个重要的生活技巧，因为很多时候我们都需要面对大量的信息，而做数学题之前，我们也需要先提取出与题干相关的信息。不过，要弄清孩子为什么对这类问题感到困惑并不难。小朋友们应该都有这种亲身体验：总想知道自己的零用钱够买些什么东西。每个孩子都会问一个重要问题："我的钱够吗？"或者，他会问："我手里现在有 10元钱，那我到底能买些什么呢？除了买 2 个橘子、1 个苹果，也许剩的钱还可以买点儿糖果。因此，我得知道自己还剩多少钱。"

5. 答案是：2140 不在该数列中，因为它无法被 40 整除。

解析：这是孩子现在会碰到的典型数列问题。不同于以往我们熟悉的智力题，"数列的下一个数是什么？"这类题目的挑战在于，孩子能否看出这个数列未来的走向。那这道题是怎么算出来的呢？我们发现，有些家长非常耐心地将数列中的数一个个列出来，足足写了好几分钟才写到 2120、2160……，以此证明 2140 并未出现在数列中。有些孩子也是这么算的，但如果这道题出现在考试中，这样做会浪费宝贵的时间，而且没有用到出题人想让他们使用的方法。

找到捷径最重要的一点，就是要看出所有的数末位都是 0，因此可以将这些数简化，全部除以 10。换句话说，这个问题就相当于问"如果一直加 4，214会出现在数列中吗？"，也就相当于问"214 能被 4 整除吗？"。许多家长和孩子都能看出这一点，然后就按照各自惯用的技巧去做除法了。

还有一个更简单的办法（不过，孩子和家长都不太知道）。如果你想知道一个数是否能被 4 整除，只要看**这个数的最后两位**就行。因此，若想知道 214 能不能被 4 整除，只要看 14 能不能被 4 整除。显而易见，14 不能被 4 整除。（顺便提一句，这个技巧现实版的应用案例就是，闰年和奥运年都可以被 4 整除。如果你想知道 2016 年是不是奥运年，那你不需要算 2016 除以 4，只需要算 16 除以 4，看能否被整除。事实证明，恰好可以。）

6. 答案是：有 15 包薯片。

解析：一共有 45 个三明治，而三明治的数量是薯片数量的 3 倍，45÷3=15，因此有 15 包薯片。还有比这再简单的题吗？大多数家长觉得这种题没什么大不了，这可能是因为作为成年人的我们，免不了要在制作一日三餐、做家务的时候碰到类似的计算，因此早就把它们当作理所当然的事情了。

对孩子来说，挑战在于，要从题目的文字表述中分析出真正的数学问题。题干中并没有提到除法，孩子需要自己思考。解答这类题的最好方法，就是结合自己的生活经验。这是一个很好的例子，它说明：让孩子将数学应用到生活中，他便能凭直觉判断出要用哪种数学计算方法。

此外，这道题的有趣之处，还在于它包含干扰信息。苹果的相关表述与题目不相干。有些孩子会为此感到苦恼，他认为不管怎么样，都应该用上这个信息的。当然，现实生活中的问题都会牵扯到一些无关信息，但如果孩子被这些无关信息所干扰，试图猜测出题人葫芦里到底卖的什么药，那么，孩子在用生活经验解答此类数学题时就会感到困难重重。

7. 答案是：萨姆的说法是错误的，两个板子上的指针指向区域 A 的概率相等。

解析： 对于这个答案，不光家长有分歧，孩子也达不成一致意见。家长们产生分歧的一个原因在于，很多家长上学时没学过概率。另一个原因在于，他们不确定指针指向特定区域的概率是否与该区域的面积有关。因为右图中区域 A 的面积更大一些，所以很多人认为，指针落在该区域的可能性也越大。但实际上，区域大小的不同只是为了转移注意力罢了。在这里，真正重要的是指针的角度。指针在圆里面转动，而在两图中，圆的一半都在区域 A 当中，因此，指针指向区域 A 的概率相等。很多儿童游戏都会涉及指针，因此，想验证这个答案很容易，实际操作一下就行了。

8. 答案是：需在水壶内加入 240 毫升的水。

解析： 对大多数知道该如何读取刻度的家长而言，这个问题相当容易。可假如刻度上的数字没全部标明，孩子就会犯难。一个常见的错误，就是他误以为当前的水量是 130 毫升（认为每个刻度代表 10），而不是 160 毫升。

接下来就是要看出真正的数学问题是什么。一个问题既可用减法（400 减去 160）来解决，也可用加法（160 要加上多少才是 400 呢？……先加 40，再加 200）来解决，这就是个很好的例子。事实上，孩子和成年人都不约而同地用加法解决这个问题，主要是因为在现实生活中，解决这个问题的方法是，往里面"加"水使水量达到 400 毫升。

9. 答案是：亚历克斯想的数字是 80。

解析：" 我觉得根本就无从下手。"一位沮丧的家长这样说道。在一些人看来，这道题就像个谜语一样。很多家长意识到可以用"代数"来解答，但又想不起代数要怎么做，然后就卡住了。很多人依靠不断试错，最后找到了正确答案，可即便如此，他们心里仍感觉很羞愧。事实上，我们希望的正是绝大多数孩子能够用试错法来解答这道题。也就是说，要先猜一下这个数是多少——比方说，先试试100——然后看会得到什么答案。如果得到的答案不对，就接着调整一开始的数，直到找出正确答案。

也可以使用其他方法作答。如果你想重新捡起早就遗忘了的代数技能，可以看看下面这种传统的解题方法。我们把亚历克斯想的这个数称作"A"（或者，要是你习惯给数字起人名，那就把它叫作亚历克斯好了）。已知的是，A 的一半加 A 的四分之一等于 60，也就是：$\frac{1}{2}A + \frac{1}{4}A = 60$。

将分数相加会得到：$\frac{3}{4}A = 60$。

两边同时除以 $\frac{3}{4}$，会得到：$A = 60 \div (\frac{3}{4})$。

根据分数除法的计算法则，也就相当于：$A = 60 \times \frac{4}{3}$。

那么，A=80。

但请注意，很少有孩子能用这种方法算出答案——虽然有些孩子确实有能力，而且喜欢这么算。

10. 答案是：a) $\frac{1}{3}$；b) $\frac{1}{9}$。

解析： 对于题目 a) 的答案，你的第一反应是不是 $\frac{2}{3}$？如果是，那并非只有你一个人这么想——大多数看到这道题的家长一开始都被"糊弄"了，很快他们就意识到哪里不太对劲，尤其是在看到题目 b) 以后（这时候，很多家长都有点儿想放弃了）。

想要弄清孩子和家长是怎么被这类题搞糊涂的并不难。假设每个上色的正方形都是一块蛋糕，如果你现在有 $\frac{1}{3}$ 的蛋糕，然后再加上 $\frac{1}{3}$ 的蛋糕，那你就会有 $\frac{2}{3}$ 的蛋糕。但这道题并不是在考分数的加法。它其实考查的是对分数这个概念的理解。很多人认为这类题被设计出来就是故意捉弄人的，题目出得并不合理。已知图 1 上色区域占 $\frac{1}{3}$，有些人据此算出了答案：

图 1 中黑色区域占一部分，白色区域占两部分，因此图 2 一共有 6 部分，其中黑色区域占两部分，所占比例就是 $\frac{2}{6}$。$\frac{2}{6}$ 和 $\frac{1}{3}$ 相同，但很多成年人嫌麻烦（或没注意到）而不化简分数。

有时候解题思路完全跑偏，却也可能歪打正着得出正确答案。有个爸爸计算 $\frac{1}{3}+\frac{1}{3}$ 时，直接将两个分子相加（1+1），再将两个分母相加（3+3），得到 $\frac{2}{6}$，侥幸得到了正确答案。如果题目是 $\frac{1}{2}+\frac{1}{4}$，他也会用同样的办法，将分子和分母分别相加得到同样的答案 $\frac{2}{6}$，而这明显是错的！（$\frac{1}{2}+\frac{1}{4}$ 等于 $\frac{3}{4}$，而不是 $\frac{2}{6}$！）

对那些觉得题目 a) 很难的人来说，他们做题目 b) 时就更一头雾水了，因此不少家长就直接空着没做。其实题目 b) 可以这样来解：将每个正方形想象成由大小相等的 3 个部分组成，因此图 3 总共有 9 个部分，其中只有 1 个部分涂了颜色，答案便是 $\frac{1}{9}$。

11. 答案是：

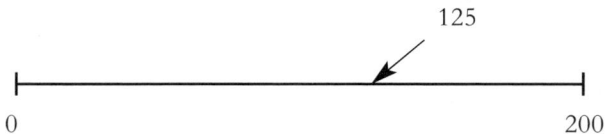

解析： 估算问题可能是让孩子和家长都感到比较苦恼的一个问题，而他们最关心的一点就是：到底要多精准才行呢？

实际上，就这类题来说，标记的位置只要在一定的可接受范围之内就行，而且通常来讲这个范围还是挺宽泛的。这类题主要考查孩子知不知道 125 超过了一半（很多孩子不知道这一点），因此，把箭头画在中间或左半边显然都不对。同样，把箭头画在离 200 很近的位置，也说明孩子没明白 125 应该离中间更近，而非偏向右端。如果想在数轴上精准估计 125 的位置，你可以目测找出中点（100），然后再找到 100 和 200 的中点（150），最后再找到 100 和 150 的中点（125）。

12. 答案是：另外两个顶点坐标分别是（11,9）和（15,3）。

解析： 家长对这道题的恐惧可能有一半来自"顶点"（vertices）这个词的使用。"为什么不直接把它们叫作角（corners）呢？"有个爸爸这样问道。我们鼓励孩子写作业时注意学习其中的数学术语，也希望他们能熟悉"顶点"之类的专有名词。记不清这些术语的家长，应该看看我们后面附的数学词汇表。不过大可放心，用不了多久，你便会熟悉这些表达了。

这道题的第二个挑战就是没有标明坐标轴，因此很多家长一开始不知道 (1,3) 这个坐标在图中的什么位置，就比较慌乱。其实，数数格子，再对照已知坐标，也不难弄明白这个坐标的位置。坐标（1,3）也就是水平向右移 1 个格，再垂直向上移 3 个格。然后你只要确保不粗心大意数错格子就好了。

13. 答案是：这个不规则四边形的面积等于 15 个小正方形面积相加，3 × 5 的长方形的面积与它相等。

解析： 这道题会让很多家长十分苦恼，原因在于两方面。首先，如何算出这个不规则四边形的实际面积？其次，如何将不规则四边形的面积转化成长方形的面积？

一种解题方法是，将四边形分割成几个三角形，再算出每个三角形的面积，然后相加算出总面积。但孩子现阶段的学习中用的方法主要是数小正方形的个数。完整的小正方形的个数很好数，而剩下的那些三角形恰巧都是小正方形的一半，因此总共是 15 个小正方形。

最简单易画的面积相当于 15 个小正方形面积的长方形，就是 15×1 的那种。但出题人可是很狡猾的哟，他们给定的方格纸不到 15 格宽，因此孩子必须计算出相乘等于 15 的其他尺寸的长和宽。那唯一的答案就是 3×5（或 5×3）了。

题目虽未明说，但其实是在让孩子将 15"因数分解"，而除 1 和 15 以外，3 和 5 是 15 的唯一一对因数（3 和 5 又同时都是质数），因此这道题不会有其他答案。

14. 答案是：有 3 班列车会在下午 3 点之前离开艾波顿；从比格镇发车的第一趟列车，需要行驶 2 小时 25 分才能到达北桥镇。

解析： 列车时刻表是孩子需要学会解读的众多表格当中的一种。对常坐火车的家长来说，这个问题（相对）比较容易，可很多孩子连火车都还没坐过，更别说查看时刻表了。孩子可能弄不明白表格的空白部分是怎么回事，以为火车路线是按时间先后排序的。对孩子来说，另一个挑战在于 24 小时制和 12 小时制的转换（一个常见的错误是很多孩子误将 13:00 当作下午 3 点钟，因此会认为只有两班列车离开）。

孩子（还有家长）常会读错题，认为要找的是"第一趟列车"，但实际上他们要找的是"第一趟从比格镇发车的列车"（也就是上午 9:40 的那趟车）。求 9:40 和 12:05 之间的时间差，看似是一道减法，但是用减法解决时间问题可没那么容易。因此，解答这道题，最自然、最得当的方法是做加法。先给 9:40 加 20 分钟得到 10:00，然后再加 2 个小时变成正午 12:00，最后再加 5 分钟，因此，总共是 2 小时 25 分钟。

15. 答案是：大三角形的边长是 **8** 厘米。

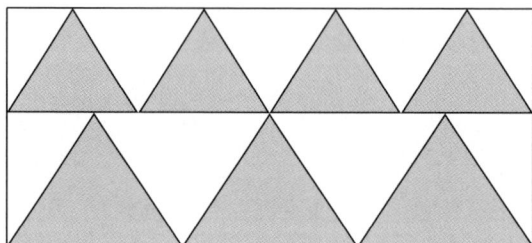

解析： 解答这道题，需要多想几步。这些图形都是三角形，该信息可能会分散注意力。其中唯一的重要信息，是它们均为等边三角形，也就是 3 条边都相等。现在，这个问题就相当于是说，4× 小三角形边长（6 厘米）=3× 大三角形边长。换句话说，24=3× 大三角形边长。

16. 答案如下图。这是将图形的 $\frac{4}{6}$ 涂上色的其中一种方法。

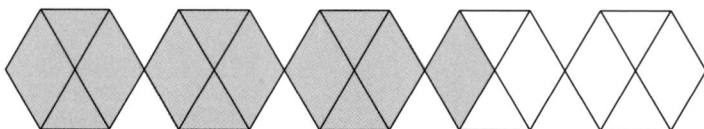

解析： 这到底是巧妙的谜题还是捉弄人的把戏？那要看你问谁了（不过，更多人会选择后者）。当很多成年人和孩子发现，这道题要求将 5 个东西平分成 6 份时，心情不免有些失落。这时孩子往往就会跟老师说，这是个"无解"的问题，然后就放弃了。就算晓之以理，跟孩子说，出题人不会出解不开的题，也丝毫不能说服他。

六边形各部分不相等，因此这道题的难度增大——每个六边形内，均有两个菱形和两个三角形。孩子在这里应该用到的知识点是，正六边形由 6 个相同的三角形组成，那么，一个菱形一定等于两个三角形。也就意味着，图中共有 30 个三角形，而你需要将其中 $\frac{4}{6}$（即 20 个）涂上阴影。涂阴影的正确方法有很多，上述方法便是其中一种。还有一种方法就是，给图中所有的菱形涂上阴影即可。

如果在正六边形的中间位置画一条水平直线，那这道题就简单多了，图形也一目了然，但很多家长和孩子都想不到这一点。

如此，另一种方法就显而易见了——只需将各个六边形中 6 个三角形的其中 4 个涂上阴影即可。

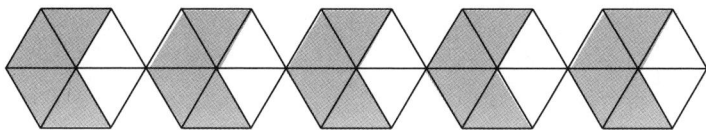

思维测验 2 的答案

17. 答案是：735 的 60% 是 441。

解析： 计算器有时也会成为一大祸害，尤其是有很显眼的百分比键的那种。做这类题时，人们不由得在计算器上按下 $\boxed{6}\ \boxed{0}\ \boxed{\%}$，而很多人则在此时突然意识到他们记不得怎么使用百分比键了。

用常识来估算答案会更好。60% 和 50%（即一半）差得不是非常多，题目是要找出 735 的一半大约是多少。换句话说，答案和 400 不会差太多。

这道题可以让孩子学到一些趣味小方法。一种方法是先算出 735 的 10%，也就是 73.5，然后乘以 6，得到它的 60%。

但最快的方法还是提醒自己，"百分比"是"除以 100，乘以……"的意思。也就是说，"735 的 60%"可以写成"60÷100×735"。（735×60÷100 也会得到相同的答案。）

18. 答案是：1000。

解析： 计算器能发挥多大用处，取决于使用计算器的人。你可能本能地知道乘以 12.5 之前，要先把 18.9 和 61.1 相加（第 218 页）。但孩子可不知道这一点，他会习惯性地从左边开始算。再者，计算器上没有括号，孩子最后很可能会得到 297.35 这个错误答案。

19. 答案是：32（32 × 32=1024）。

解析：这道题涉及的数学知识的难度并不是很高，但前提是孩子要能理解"四位数"的概念。不少孩子不明白这道题的意思，觉得过于抽象。不过，这道题可以用试错法轻松解决，30×30=900（太小），35×35=1225（太大），因此，正确答案一定在这两个数之间。

试错法固然好，却也需另寻捷径。一个自然数与本身相乘的积叫作这个数的平方，对熟悉这一点的孩子来说，确实有一条捷径。要想找出平方之后可得到四位数的最小正整数，只需在计算器上输入1000，然后按平方根键$\sqrt{}$。1000的平方根是31.62，因此，平方后为四位数的最小正整数，便是将31.62进位取整后得到的数，即32。

20. 答案是：200。

解析：如果将这道题变成"200的30%是多少？"，那它就同第17题一样简单了。但狡猾的出题人却将问题反过来问，像这般不按常理出牌，若孩子想要弄懂，可着实要下一番功夫呢！

对很多孩子来说，解答这个问题的唯一的方法就是试错法，很多家长也用这种方法。但其实还有很多方法，以下列举两种。

● 如果这个数的30%是60，那么，它的10%一定是20。如果它的10%是20，那它的100%就是200。

● 如果x的30%是60，那么，x一定等于60除以30%，也就是60÷0.3，等于200（可以用计算器验证这个答案）。

21. 答案如下。

```
  3 8 8            3 3 8
+   3 8   或者    +   8 8
```

解析：这道题的正确答案不止一个，不过，面对这种情况，家长会更烦恼，毕竟，孩子只要找到任意一个正确答案就很高兴了。在找出解题策略之前，应鼓励孩子多试几次。这道题最明显的线索就是，如果两个数相加等于426，那么，第一个数里的百位数不可能是8，因此肯定是3。另外一个重要线索就是，两个数的个位数相加等于6，可能是3+3或8+8。十位数一定是3和8，再进一步推导尝试，便可得到以上答案。

22. 答案是：这3个质数为5、7、11。

解析：这是一道推理题，你要知道**质数**是什么。如果你每天都会接触质数，那这道题对你来说自然很简单了；可如果你离开学校之后就再没接触过质数，久而久之就会淡忘。这道题完全可以把"质数"的"质"字去掉，只问"哪3个数相乘等于385？"。但这样的话，肯定很多人会填1×1×385，而这违背了出题人的初衷。

因此，我们要找的3个数不仅要相乘等于385，且不能是1，还要恰好都是质数。直接线索就是，385的末位是5，也就意味着，5是它的一个因数。385除以5，得到77，而77当然就是7×11了。

23. 答案是：角x是8度。

解析：看到这道题，很多家长干脆直接放弃了，因为这里需要用到的知识对很多家长来说，早已成为遥远的回忆。需要知道两个关键点：一是长方形的4个角都是直角，也就是90度；二是等边三角形的3个角相等，均为60度。

通过计算等式：x=90-60-22，即可求出 x 的值。

如果你担心孩子在努力算出答案的过程中在计算步骤上出问题，那你可以放心了，因为就这道题而言，只有不到 20% 的 11 岁孩子能得出正确答案——这肯定是他们碰到的比较难的那种题目。有些孩子甚至会被用字母 x 表示未知角唬住。你可以利用起名字的方法，来让这个问题看起来有趣一点儿，给 x 起个特别的名字，或者直接用人名来称呼，比如叫"点点"或"贝丽尔"。

24. 答案是：P=275，Q=75。

解析：一位爸爸说，"哇，这看起来很像代数呢！"这确实是让孩子提早接触代数的机会，以后他们会学习用方程式来解题。这道题会让不少孩子产生挫败感，因为他们能算出 P 比 Q 大 200 或者 P+Q=350 时，P 和 Q 各是多少，但却找不出能同时满足这两个条件的 P 和 Q 的值。因此，这里依然要用到我们的老办法——试错法。先试试 P=200、Q=0，相加是 200，太小了。再试试 P=300、Q=100，相加得到 400，大了一些。然后进一步调整，会得到正确答案：275 和 75。

25. 答案是：这两个数是 63 和 65。

解析：在所有的测验题中，这道题是最折磨人的。一位妈妈说出了很多人的心声："我感觉自己像个傻瓜！一开始我认为，'不，我解不出来'。"但和很多家长一样，她最后得出了正确答案，不过，也确实花了她不少时间。

家长在做这道题时采用的解题策略和孩子的一样，也就是试错法。试错法也用于解答其他很多题目。随机选择两个数，比如说 58×67，用试错法看看所得结果与答案是否接近。但若毫无章法，这种方法既费时又劳心，因为你会发现自己每次都与正确答案失之交臂。

解答数学题和破解密码有几分相似，这道题便是最好的例证。题目是个谜，而你则要像名侦探可伦坡①（Colombo）一样，利用现有证据寻找线索。不管你相不相信，线索有很多。一个线索便是，4095是奇数。如果你将两个数相乘，所得结果是奇数，那么，这两个数也肯定是奇数。（在访谈中，我们碰到了一位聪明的小学班主任老师，但"两个奇数相乘的积仍然是奇数"这一点对她来说却是个意外发现。而且，在此之前，她也从未想到过偶数和任意整数相乘，所得结果肯定还是偶数。不过她稍加思考之后，自然也就明白了。）

因此，很快我们就知道这两个数一定在51、53、55、57、59、61、63、65、67、69这几个数中间。但当你意识到乘积末位是5时，便又能进一步缩小范围——这两个数中至少有一个末位是5。也就是说，其中的一个数一定是55或65。用计算器快速验证一下会发现，4095无法被55整除，而4095÷65=63，那另一个数便是63。

事实上，对熟练掌握这类计算的数学家而言，解答这道题根本不用计算器。如果你想知道如何做到的，那就继续往下读吧。

数学家会先看4095的因数。他们发现由于4095是奇数，所以它的两个因数也是奇数。他们一眼就能看出，4095能被5整除，因此它必定有一个因数是55或65。然后他们发现4095不能被11整除，也就是说，55不可能是它的因数，也就只剩下65了。最后，他们会注意到，4095能被9整除，那另一个因数必定是9的倍数，且在50~70之间，又是奇数，那就只能是63了。

如果你在看完上面简短的解释后依然没懂，也请不要担心。这里主要想说明一点：在掌握了足够多的数学知识之后，你就可以学到更多解题捷径，帮你快速解决看似棘手的问题。

---

①可伦坡：悬疑类美剧《神探可伦坡》的主人公。看似不修边幅的他，总能以敏锐的观察能力和超强的推理能力侦破各种案件，让犯人无从抵赖。——译者注

11 岁的孩子并不需要掌握这些技巧，但有很多孩子却有能力理解这些解题的捷径。鼓励孩子探索类似的数字谜题，不仅有助于提高他的解题速度，还能让他领悟到：数学不只是盲目地试错的过程，更是探索和发现的过程。正因如此，数学才成为一门如此有趣的学科。

26. 答案见下图。

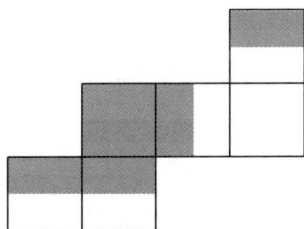

解析："如果说有哪种数学问题让我感到恐惧的话，"一位小学老师说道，"那一定是展开图问题了。这部分知识我掌握得最不扎实，是我的软肋。"六年级的孩子应该具备将一张纸折叠成立体图形的空间想象能力（和反向的想象力——想象把一个立体图形展开后的平面图是什么样的）。很多孩子认为这是个极具挑战性的任务。为了弄明白是怎么一回事，多数孩子需要将展开图实际画出来，然后动手折叠成实物，只有这样做了，他们才会有豁然开朗的感觉。只可惜，这样做展开图需要不少时间，只有那些最有冒险精神、动作最快的孩子才能在5 分钟内把它做出来——因此，如果是在考试中遇到这类题目，这样做会浪费宝贵的考试时间。因而对孩子来说，唯一的方法就是，功夫下在考场外，平时多练习做展开图。还有，在动手折叠展开图之前，要先在头脑中想象一下折叠过程。

第十九章 "测一测"的答案

数字和位值

i) MDCLXVI 代表 1666，是伦敦大火发生的年份。你会在伦敦桥附近的伦敦大火纪念碑上看到刻在石碑上的这组罗马数字。

ii) 将数字拆分成几个部分有助于我们思考。在这里，我们可以把 124 拆分成 100+20+4。不过这里使用的是八进制，因此这里的"20"表示的不是十进制里的 20（2 组 10），而是 2 组 8，也就是十进制里的 16；这里的 100 表示的是 8 组 8，也就是十进制里的 64。因此，八进制里的 124 相当于十进制里的 64+16+4，即 84。怎么，看得有点儿糊涂？那就想象一下孩子第一次碰到位值问题时是什么感觉吧。

加法和减法：口算

i) 口算快还是笔算快？

这里的大多数算式都可以用口算快速得出答案。

a. 口算：从 152 中拿走 2，加到 148 上面，就变成了 150+150=300。

b. 口算：300 减 150 是 150，那么，300 减 148 一定是 152。

c. 数字略复杂，笔算或用计算器算更好。

d. 口算：这道题虽然看起来和 c 很像，可实际上 698 接近于 700，843-700=143，多减了 2，答案是 145。

e. 口算：从 5003 中拿走 3，加到 4997 上面，就变成了 5000+5000。

f. 口算：6002 减 4000 是 2002，减 4000 相当于多减了 1，再把 1 加回来。答案是 2003。

ii) 数轴

$$48+36=84$$

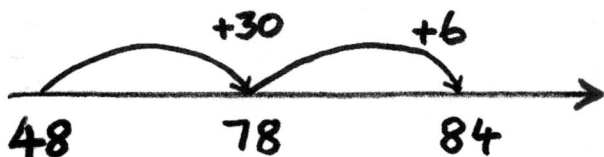

iii) 更多关于数轴的问题

$$73-28=45$$

iv) 买鞋子

a. 想算出付款 50 元，应找回多少钱，用加法来做比较容易：

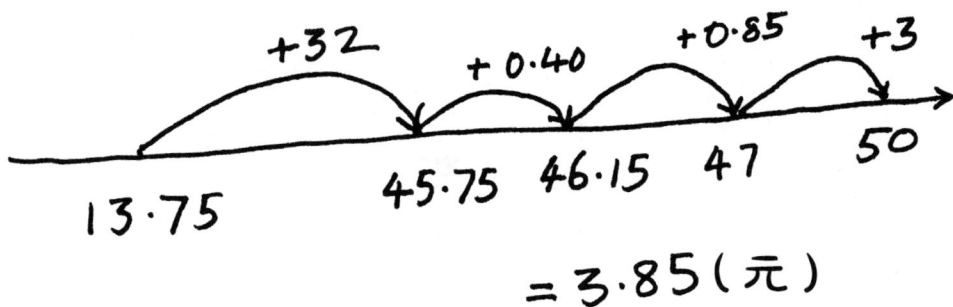

$$= 3.85 (元)$$

b. 为求出差价，你可能会将补偿法与传统意义上的减法结合起来：32.40−13.75=32.40−14+0.25=18.65（元）。

加法和减法：笔算

i) 用拆分法做加法

a.

$$= 389$$

b.

$$368 + 772 =$$

300	60	8
700	70	2
1000	130	10

$$= 1140$$

ii) 用拆分法做减法

a.

$$847 - 623 =$$

800	40	7
600	20	3
200	20	4

$$= 224$$

b. 这是其中一种方法：

$$721 - 184 =$$

600	110	11
100	80	4
500	30	7

$$= 537$$

iii) 为什么这些答案肯定是错的?

a. 3865+2897=6761……最后一位数肯定是 2,因为 5+7 等于 12。(一眼便能看出错误的另一种方法就是,两个奇数相加,答案一定是偶数。)

b. 4705+3797=9502……既然 4705 小于 5000,3797 小于 4000,那么,答案肯定小于 5000+4000。

c. 3798−2897=1091……答案肯定会比 3800−2800 小,因此一定小于 1000。

乘法和乘法表

i) 计算 8×7

8×7 相当于:

2×7=14,

14 加倍变成 28,

再加倍变成 56。

ii) 补偿法

9×78 相当于 10×78(=780)减去 78,也就是 702。这道题还有另外一种解法,还是利用补偿法但可以换个思路:计算 9×80(=720),减去 9×2(=18),答案是一样的。

iii) 纸杯蛋糕

算式是 20×9。和 2×9(=18)再乘以 10(=180)是一样的。计算时,你用的是 2 的乘法口诀还是 9 的乘法口诀呢?还是你也分不清楚呢?

iv) 连连看

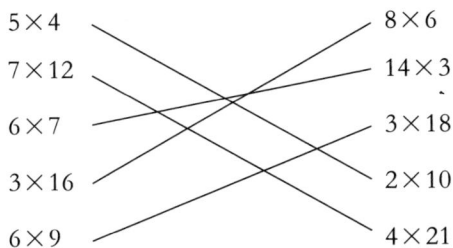

5×4   8×6

7×12   14×3

6×7   3×18

3×16   2×10

6×9   4×21

v) 11 的倍数

a. 33×11=363

b. 11×62=682

c. 47×11=517

乘法表以外的大数乘法

i) 格子法 1

	20	3
10	200	30
3	60	9

$$200+60+30+9=299$$

ii) 为什么这些答案肯定是错的?

a. 37×46=1831 肯定是错的。末位数字肯定是偶数,因为 46 是偶数。

b. 72×31=2072 肯定是错的。70×30=2100,因此答案肯定大于 2100。

c. 847×92=102714 肯定是错的。1000×100=100000,因此答案肯定小于 100000。

iii) 格子法 2

这里有个小数点，但别慌。9.47 元是 947 分，那么计算就变成了 947×62，你可以这样做：

	900	40	7
60	54000	2400	420
2	1800	80	14

将这些结果全部相加，就会得到答案 58714 分，或 587.14 元。（如你所见，用格子法解决这种大数计算，有些麻烦，但确实管用！）

除法

i) 数列

$$43 \quad 34 \quad 25 \quad 16 \quad 7$$

这道题完美地将除法和减法结合在了一起。需要注意的是，首尾数字相差 43−7=36，而从 43 到 7 需要走 4 步，因此，每一步一定是 36÷4=9，也就是说，这个数列中相邻两数之间都相差 9。

ii) 找质数

37、47 和 67 是质数。

iii) 因数分类

45 的因数　　　　60 的因数

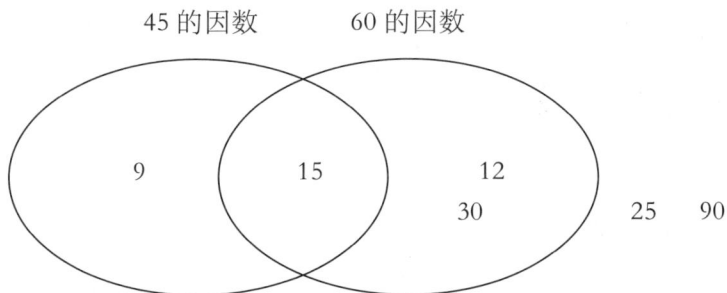

iv) 整除性检验

a. 28734÷2　　　能被整除（末位是偶数）

b. 9817÷5　　　不能被整除（末位不是 0 或 5）

c. 183÷3　　　能被整除（所有数字相加等于 12）

d. 4837÷9　　　不能被整除（所有数字相加等于 22）

e. 28316÷6　　　不能被整除（所有数字相加等于 20）

ⅴ) 组块法 1

vi) 组块法 2

$$22\overline{)739}$$

$$\frac{660}{79} \quad 30\times$$

$$\frac{66}{13} \quad 3\times$$

$$=33\text{余}13$$

vii) 为什么这些答案肯定是错的?

a. 223÷3=71 肯定是错的。223 无法被 3 整除(223 所有数位上的数字相加等于 7),因此答案不可能是整数。

b. 71.8÷8.1=9.12 肯定是错的。这道题的计算过程和 72÷8(=9)很接近,而正确答案肯定小于 9,因为 71.8 小于 72,8.1 比 8 大。

c. 161.483÷40.32=41.3 肯定是错的。不要因为小数点而分心了。这道题的答案与 160÷40=4 很接近,因此这个答案是错的,大概差了 10 倍!

分数、百分数和小数

i)"香肠分数"

a. $\frac{6}{7}$ 更大。有更多的香肠分给了数量相等的孩子。

b. $\frac{4}{11}$ 更大。有更多的香肠分给了更少的孩子。

c. 无法用"香肠推理法"来判断。

ii) 化简特大分数

48 能被下面的 $6 \times 4 \times 2$ 抵消掉：

$$\frac{49 \times \cancel{48} \times 47 \times 46 \times 45 \times 44}{\cancel{6} \times 5 \times \cancel{4} \times 3 \times \cancel{2} \times 1}$$

然后，45 除以 5×3（$=15$），得到 3。

$$\frac{49 \times 47 \times 46 \times \overset{3}{\cancel{45}} \times 44}{\cancel{5} \times \cancel{3} \times 1}$$

现在，这个算式就变成了 $49 \times 47 \times 46 \times 3 \times 44$。通过使用计算器，可以确认答案约为 1400 万。

这个分数代表你可以在英国国家彩票（UK National Lottery）里投注的不同组合方式的总数。分数线上面（$49 \times 48 \times 47 \times 46 \times 45 \times 44$）表示球从彩票摇奖机内被摇出的不同方式总数——第一个球是 49 个球中的一个，第二个球是剩余 48 个球中的一个，第三个球是剩余 47 个球中的一个，以此类推。但它与球被摇出的顺序没有关系，$6 \times 5 \times 4 \times 3 \times 2 \times 1$ 是你选择的 6 个数字会出现的方式总数。

结果说明，平均而言，每买 1400 万次彩票，你才能中一次头奖。千万别把工作辞掉啊！

iii) 用平分巧克力块的方法解决分数问题

a. 画一板有 3 行 11 列的巧克力，也就是说，一共是 33 个小巧克力块。$\frac{2}{3} = \frac{22}{33}$，而 $\frac{7}{11} = \frac{21}{33}$，因此 $\frac{2}{3}$ 更大。

b. $\frac{2}{3} = \frac{22}{33}$，$\frac{7}{11} = \frac{21}{33}$，因此，它们的和是（22+21）÷33，即 $\frac{43}{33}$。

iv) 智者与骆驼

这个古老谜题的秘密在于，每个儿子分得所有骆驼的几分之几。分配骆驼

285

本有更简单的方法，那就是，每个儿子分得 $\frac{1}{3}$，而 $\frac{1}{3} + \frac{1}{3} + \frac{1}{3}$ 当然就等于 1。这位父亲也可以将骆驼按 $\frac{1}{2} + \frac{1}{4} + \frac{1}{4}$ 或其他的方式来分，但不论怎么分，这些分数相加应当等于 1。

让我们看看这位父亲实际是怎么做的：

大儿子：$\frac{1}{2}$　　　二儿子：$\frac{1}{3}$　　　小儿子：$\frac{1}{9}$

要想将这些分数相加，需要给它们找一个共同的分母，也就是 18。以 $\frac{1}{18}$ 作为分母，三个儿子应分得的骆驼用分数表示如下：

大儿子：$\frac{9}{18}$　　　二儿子：$\frac{6}{18}$　　　小儿子：$\frac{2}{18}$

将这些分数相加，你会发现有点儿不对劲：9+6+2=17，因此这位父亲只是把骆驼的 $\frac{17}{18}$ 留给了儿子们，并不是全部！ 17 的 $\frac{17}{18}$ 计算起来是很麻烦的。

智者借给他们一头骆驼，那么现在有 18 头骆驼，这样，3 个儿子便能分得 18 的 $\frac{17}{18}$ ——换句话说，他们现在能分得全部的 17 头骆驼，而智者也可以取回自己的骆驼。如此一来，皆大欢喜。

v) 百分数

a. 从 220 中拿出 33 相当于从 20 中拿出 3，即 15%。

b. 450 元的 40% 等同于 0.4×450，即 180 元。因此促销价为 450−180=270（元）。

c. 多数成年人凭直觉认为，先加上增值税，再享受总价 10% 的折扣，会更划算，因为这样"享受的折扣更多"。然而，正确答案是，不管选哪种，其实都一样！可能不容易一下子就看出来，但你不妨试想一下，享受原价 10% 的折扣后的价钱，和原价乘以 0.9 是一样的。加上 20% 的增值税的价钱，和原价乘以 1.2 是一样的。这个例子说明，乘法的运算顺序不会影响计算结果（第 91 页）：原价 ×0.9×1.2 和原价 ×1.2×0.9 结果相等。总之，数学给出的答案就是这样的。你感到有点儿困惑？这很正常，并不是只有你一个人有这样的感觉。以我们的经验来看，有不少成年人需要再用计算器检验一遍才会相信这个事实呢！

图形、对称和角

i) 铺满地板砖的地面

只需 3 种不同颜色的地板砖即可。我们将这 3 种颜色标为 A、B、C：

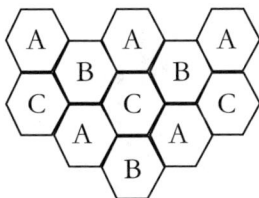

请注意其中 ABC、ACB 等的排列规律。

ii) 奇怪的展开图

折叠后会得到一个三棱柱，就像一块奶酪一样，如下图。

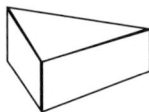

iii) 直角三角形

这个三角形有可能是等腰三角形（b）

或不等边三角形（c）

iv) 一辆停着的汽车

汽车的角的度数是90度，3个角相加是180度，因此，∠A=180度−90度−65度，即25度。

v) 用牙签摆图形

将羚羊的"后腿"去掉，就会得到一个对称的酒杯图形。

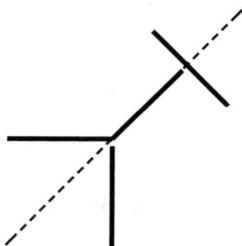

vi) 正方形在哪里？

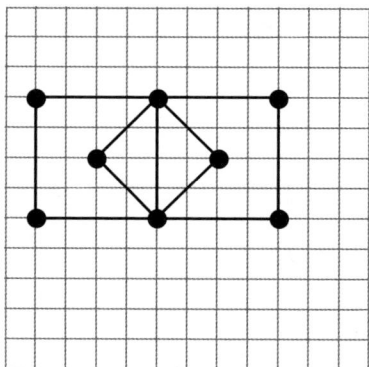

(1,5) 和（1,9)

(9,5) 和（9,9)

(3,7) 和（7,7)（很多人会漏掉这个！）

量和单位

i) 时钟谜题

3：00和9：00时，时针和分针的夹角为90度，这两个最容易看出来。孩子可能会认为 12 : 15 时时针和分针的夹角也是直角，但要注意的是，它并不完全是直角，因为时针并非直直地指向上方，而是位于从 12 : 00 到 1 : 00 约 $\frac{1}{4}$ 的地方。不过很快——临近 12:17 的时候，时针和分针的夹角会是直角。此外，1 : 20、2 : 25 等时间点时，时针和分针的夹角也是直角。细心计算，你会发现：分针比时针多转 $\frac{1}{4}$ 圈的情况会出现 11 次，时针比分针多转 $\frac{1}{4}$ 圈的情况同样会出现 11 次，因此，总共是 22 次。

ii) 烤蛋糕

他应该在下午 6 : 10 时将蛋糕拿出烤箱。（知道 90 分钟是一个半小时有助于计算。）

iii) 时间轴

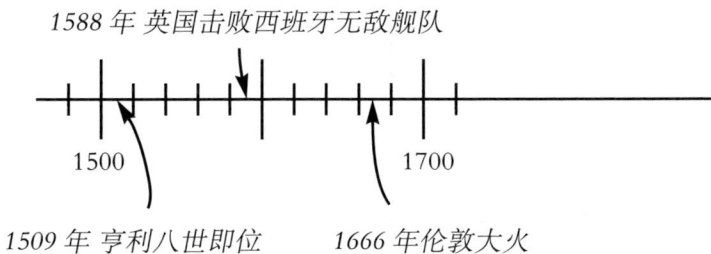

1588 年 英国击败西班牙无敌舰队

1500   1700

1509 年 亨利八世即位   1666 年伦敦大火

iv) 周长

先算出每个正方形的边长是 5 厘米，然后通过数数可以知道，这个图形由 14 条与正方形边长相等的边组成，因此周长等于 70 厘米。

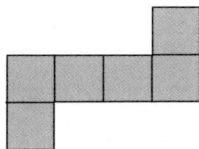

v) 凭空出现的神秘正方形

如果你细心观察会发现，此处长方形内从 A 部分到 D 部分的"对角线"并非一条直线，而是呈略微弯曲状。实际上，4 部分相交的区域会形成一个狭长的平行四边形，它的面积恰好等于一个小正方形的面积。

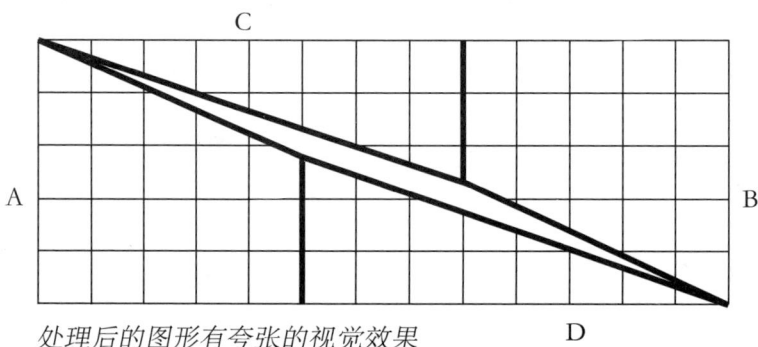

处理后的图形有夸张的视觉效果

概率和统计

i) 卡罗尔图

如图所示：

	2 的倍数	不是 2 的倍数
5 的倍数	10、20、30	5、15、25
不是 5 的倍数	4、6、12、18、22	7、11、19

ii) 这是哪项运动呢?

百米冲刺。选手起跑时速度较慢，之后迅速提速，达到最大速度后便保持该速度直到抵达终点。之后迅速慢下来，并开始走。

iii) 饼图

a. 25% 的孩子选择玩电脑。

b. 8 个孩子选择运动。（我们的已知条件是：选择玩电脑的孩子有 10 个，占总人数的 25%。而从图上可以看出，选择阅读和选择运动的孩子加起来占 25%，也就是说，选择这两项的一共也是 10 个孩子。因此，若 2 个孩子选择阅读，那必定有 8 个孩子选择运动。）

c. 25% 是 10 个孩子，因此 100% 肯定是 40 个孩子。

iv) 骰子点数

将点数依序排列：2、4、5、6、6、7、8、9、11、11。

平均数是 6.9（69÷10），中位数是 6.5（6 和 7 的平均数）。众数有两个，分别是 6 和 11，因为这两个数都出现了两次。

用计算器解决数学问题

i) 正确的运算顺序

a. 16

b. 161

c. 22

ii) 相邻的数

用计算器算出 4692 的平方根，约为 68.5。这两个相邻的数一定在 68.5 的两边，也就是 68 和 69。将它们相乘，可以确认答案的确是 4692。

数学词汇表

小学阶段的孩子需要熟悉数百个数学名词或短语。我们鼓励老师教孩子学习这个数学词汇表中的所有数学名词，甚至可以让孩子把这个数学词汇表带回家给爸爸妈妈看看。

这个表中的大多数数学名词都很常见，它们出现在家庭日常谈话中一点儿都不会让人觉得奇怪，甚至许多数学专有名词，你对它们也都再熟悉不过，因此解释给孩子听的时候，你不会感觉有多难。

不过，话说回来，有些数学名词的确切含义你已经忘掉了，甚至有些数学名词你以前从未碰到过，于是我们特意归纳整理了这份数学词汇表。我们没有用严谨的数学语言来描述这些数学名词，而是采用了日常用语，虽然不十分准确，但却适用于大部分情境。如果个别数学名词在表中找不到，无外乎两种情况：(a) 我们认为这个数学名词足够常见，无须再做解释；(b) 它不是小学阶段的孩子必须了解的数学名词。

术语名称	"日常"描述	图形 / 数字示例
阵列	排列成长方形的数字、字母或图形	一个 3 行 4 列的阵列如下： × × × × × × × × × × × ×
轴	标示图形边缘的水平或垂直线	
条形图	一种用条形或柱形来代表数量的数据呈现方式	
长、宽	常被用来描述一个图形或物体两条边之间的距离，通常将较长的边称为"长"，较短的边称为"宽"	下图的长方形长 3 厘米、宽 1 厘米 （长方形：宽 1 厘米，长 3 厘米） 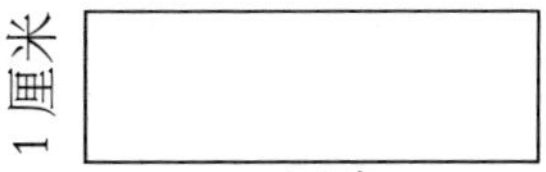
公交亭候车法	"英式短除法"的别称，被除数写在像是公交亭的东西里面，因此得名"公交亭候车法"	$\begin{array}{r} 81 \\ 3\overline{)243} \end{array}$
卡罗尔图	按小标题将不同对象分类的一种图表。多数情况下，图表上方和左侧各有两种分类依据，不过，你想写几行几列都可以	被整理成卡罗尔图的数字（6~12）： |	奇数	偶数
一位数	7、9	6、8
两位数	11	10、12	

术语名称	"日常"描述	图形／数字示例
组块法	一种从被除数中减去几组除数的方法	$7\overline{)749}$ 700 ×100 49 × 7 107
圆周	绕圆一周的长度	
补偿法	一种能使计算更简便的加减方法，最后通过调整，进行差值"补偿"，得出正确答案	用补偿法计算 643-498 的过程如下：计算 643-500 很简单，等于 143。但这样就多减了 2，因此要把 2 再加回去
圆锥	底面是圆形，侧面是曲面，且越往上越尖，最后相交于一点的立体图形	冰激凌甜筒或锥形交通路标
正方体	一个 6 面由大小完全相同的正方形组成的立体图形	魔方和骰子都是正方体。所有的正方体都是长方体，但并非所有的长方体都是正方体。所有的正方体和长方体都是棱柱，但并非所有的棱柱都是长方体

术语名称	"日常"描述	图形／数字示例
长方体	一个 6 面均由长方形组成的立体图形	麦片盒和洗衣粉盒通常都是长方体。因为正方形是一种特殊的长方形，因此，有些长方体的某些面是正方形
圆柱体	由两个底面（圆面）、一个侧面（曲面）组成的立体图形	大部分罐头瓶都是圆柱体
十进制分数	任何分母为 10、100、1000 或 10 的其他次方的分数	$\dfrac{13}{100}$
直径	连接圆上两点且穿过圆心的一条直线，相当于圆的宽	
被除数	在算式中，若 A 除以 B，则 A 是被除数	在 39÷3=13 这道算式中，39 是被除数
除数	在算式中，若 A 除以 B，则 B 是除数	在 39÷3=13 这道算式中，3 是除数
整除性检验	不进行运算就能检验出一个数字能否被整除	171 刚好能被 3 整除，因为组成 171 的 3 个数字相加等于 9（3 的倍数）。见第 122 页

术语名称	"日常"描述	图形／数字示例
十二面体	一个由 12 个面组成的立体图形，每个面都是五边形	
空白数轴	一条直线，孩子在直线下面写上数字（右边的数比左边的大。此时这条直线就成了一条数轴）来辅助计算	3　　　　　　　　20
等边三角形	一个 3 条边都相等的三角形（3 个角均为 60 度）	
面	一个立体图形的平面	一个正方体有 6 个面，一个圆柱体有两个底面和一个侧面
因数	可以被一个数整除的整数	3 是 15 的因数，15 的全部因数有 1、3、5 和 15
因数分解	把一个正整数写成几个因数乘积的过程。因数分解时，通常只要求找出是质数的那些因数	将 35 因数分解，会得到因数 5 和 7。将 24 因数分解，会得到因数 3 和 8，进一步分解可得到 3×2×2×2
公式	一种用数学符号表示两个东西间联系的方法。公式通常都是等式（一个东西等于另一个东西）	摄氏度（℃）与华氏度（℉）的换算公式为：$1\,℉ = 1.8 × ℃ + 32$

术语名称	"日常"描述	图形 / 数字示例
分数、 假分数、 真分数	一个普通或常见的分数是指一个整数与另一个整数的比（这个比不等于整数） 如果分子（分数线上面的数）大于分母（分数线下面的数），这个分数是假分数；反之则是真分数	$\dfrac{13}{9}$是一个假分数， $\dfrac{7}{8}$是一个真分数
带分数	整数和真分数组成的数	$1\dfrac{1}{4}$（一又四分之一）
格子法	英国小学在教授传统的竖式乘法之前会教授的一种乘法方法	见第110~111页
二十面体	一个由20个面组成的立体图形，每个面都是三角形	
整数	正整数、负整数和0统称为整数	0、+1、+2、+3以及 -1、-2、-3
相交	交叉或重合	
逆运算	加法和减法互为逆运算，乘法和除法互为逆运算	

术语名称	"日常"描述	图形／数字示例
等腰三角形	3条边中有两条边相等的三角形（因此，也会有两个角相等）	
对称线（又称对称轴）	任何能将一个图形分成两部分，且其中一部分是另一部分的镜像的（真实或假想的）直线	
最小公倍数	两个整数的最小公倍数就是刚好能被这两个整数整除的最小的数。两个以上的整数也有最小公倍数	6和15的最小公倍数是30，2、6、7、15的最小公倍数是210
平均数	最常见的表示平均值的方式，用一组数的总和除以这组数的个数，即可算得	1、3、3、5、7、8、8这组数的平均数是1+3+3+5+7+8+8的和除以7（这串数字的个数）
中位数	平均值的另一种表示方式。将一组数从小到大排列，处在正中间位置的那个数就是中位数	1、3、3、5、7、8、8这组数的中位数是5。如果一组数有偶数个，那中位数就是中间两个数的平均数，如1、3、5、6这组数的中位数是4，即（3+5）÷2

术语名称	"日常"描述	图形 / 数字示例
众数	平均值的另一种表示方式。指一组数中出现次数最多的那个数	4、5、5、6、6、7、8、8、8，这组数的众数是 8
倍数	一个整数能够被另一个整数整除，这个整数就是另一整数的倍数	28 是 7 的倍数，因为 28÷7=4
负数	小于 0 的数字	
展开图	可以折叠成立体图形的平面图	以下是最常用来围成一个正方体的展开图：
锐角	一个尖锐的角，大于 0 度而小于 90 度	
钝角	一个"不尖锐"的角，大于 90 度但小于 180 度	
八面体	一个由 8 个面（每个面都是一个等边三角形）组成、呈钻石状的立体图形	
运算	小学数学包括加、减、乘、除四则运算	

术语名称	"日常"描述	图形 / 数字示例
平行线	永远不相交的两条直线	下列图形的上下两条直线相互平行 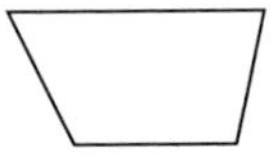
拆分法	将一个数字拆分成几个较小的数字，通常是整百数、整十数、个位数，从而简化加法或乘法计算	146 有不同的拆分方式，如 100+46 或 100+40+6 或 120+12+14
周长	一个图形所有边的总长	加粗部分表示长方形的周长。2 米 3 米 这个长方形的周长为 10 米 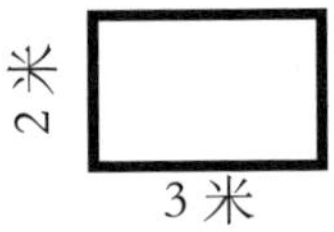
垂直	一条线与另一条线成直角，则这两条直线互相垂直	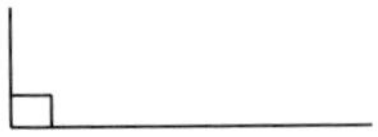
象形图	一种用图像来代指一定量东西的图示方法。例如，一个人物简笔画可用来表示 10 个人	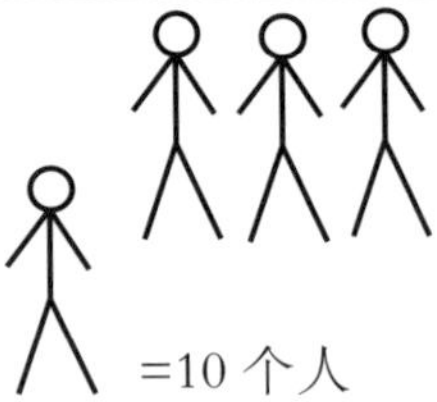 =10 个人
饼图	用来表示有某一特性的部分占整体比例的圆形统计图	

术语名称	"日常"描述	图形 / 数字示例
位值	一个数字的值由它在这个数中的位置决定	526 中的 2 代表 20，246 中的 2 代表 200
多边形	由 3 条或 3 条以上的边组成的平面图形	
正数	任何大于 0 的数	
质数	在大于 1 的自然数中，除了 1 和它本身之外，不能被其他数整除的数	顺序比较靠前的质数有 2、3、5、7、11、13…… （1 不是质数）
棱柱	有两个面互相平行，而其余每相邻两个面的交线互相平行的多面体	
乘积	两个或两个以上的数字相乘得到的结果	7 和 3 的乘积是 21，0.5 和 0.5 的乘积是 0.25
量角器	一种用来量取角的度数的画图工具	
棱锥	由多边形底面和有公共顶点的三角形侧面所构成的立体图形	
四边形	一个有 4 条直边的图形	

术语名称	"日常"描述	图形 / 数字示例
商	除法算式的答案	$39 \div 3 = 13$，在这个算式中，13 就是商
半径	圆心到圆边任意一点的距离	
随机	事件有不止一个可能的结果，且结果无法预测	掷骰子时所得点数是随机的
比	一个东西与另一个东西的相对数量关系，常用比号表示	稀释果汁时，水和果汁的比是 5：1
反射对称	这是一种别致的说法，即一个图形的一半是另一半的镜像	
菱形	每条边都相等的四边形。正方形是一种特殊的菱形	
直角	两条直线相交且所成的角度为 90 度的角，通常用小正方形表示	
直角三角形	有一个角是直角的三角形	
不等边三角形	3 条边都不相等的三角形	
球体	一个无论从什么方向看，看到的都是圆形的立体图形	

术语名称	"日常"描述	图形 / 数字示例
平方米	面积的公制计量单位	若地毯长 4 米、宽 3 米，那它的面积为：$4 \times 3 = 12$（平方米）
平方根	如果 $B \times B = A$，那么 B 就是 A 的平方根。符号 $\sqrt{}$ 表示"求一个数的平方根"	$\sqrt{25} = 5$ 严格来说，-5 也是 25 的平方根，因为 $(-5) \times (-5) = 25$。本书所指的平方根均为算术平方根
平方	表示一个数乘以它本身。通常会在右上角写一个小小的 2（称为指数）	$5^2 = 25$ x^2 读作"x 的平方"
对称	具有反射或旋转特性的图案如蝴蝶、左右脸、字母 S 等，这些我们可以直观看到的东西，都具有数学上所说的对称的特性	S
三棱锥	一个底面和 3 个侧面都是三角形的棱锥	
梯形	只有一组对边平行的四边形	

术语名称	"日常"描述	图形／数字示例
维恩图	可以把东西分成两类及以上（并且有些东西可以归到不只一类里）的图示方法	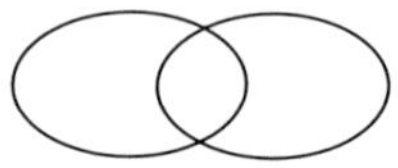
顶点	角的数学定义	正方形有 4 个顶点，正方体有 8 个顶点
体积	以升或立方米等计量单位来表示的一个物体内部的空间大小	以下是一个 2 厘米 ×2 厘米 ×2 厘米的正方体，因此它的体积就是 8 立方厘米 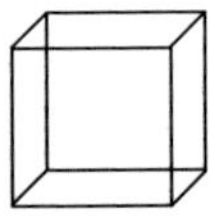

致　谢

在本书写作过程中，很多家长、老师和孩子为我们提供了很多对于数学的宝贵看法，比如数学对他们而言意味着什么、数学又难在哪里等。本书的顺利出版离不开他们的帮助。感谢来自布莱奇利的圣凯瑟琳学校、东杜尔维治的希伯学校、霍利本的安德鲁斯学校的老师和家长们，他们热心分享了自己的个人经历。感谢利物浦的全体小学老师，他们为我们提供了许多既精彩又暖心的奇闻趣事。特别要感谢斯蒂芬妮·吉布森、埃米莉·乔伊斯和伊莱恩·斯坦迪什，他们做了那么多我们提供的数学测验题，而且还常常是在工作日的晚上——要知道，他们本可以选择做一些更轻松的事，而不是把时间花在做试题上。

还要感谢特德·德克斯特、里夫卡·罗森堡、迈克·蒂尔、安德鲁·米利乌斯、海伦·洛、海伦·波特、珍妮·琼斯、菲尔·里斯、夏洛特·霍华德、切尔西·福克斯、肖恩·弗林、安德鲁·坎宁安、曼迪·弗雷什沃特、博、帕特里夏·里德等人。如有遗漏，还望海涵，一并向各位表示感谢！

在帮助过我们的孩子当中，特别值得一提的是威廉、乔治娅和詹纳，他们的一些表现堪称完美。同时也有很多孩子带给我们不少思考（和欢笑），这里就不一一列举他们的名字了。

本书中的一些例子出自该领域某些专家的著作。我们要感谢：

剑桥大学的朱莉娅·安吉莱里提供了第117页6000÷6的例子；

埃克塞特大学的马丁·休斯提供了第60页的小故事（孩子说："不知道，我还没开始上学呢！"）；

诺丁汉大学的马尔科姆·斯旺提供了第200页关于图表的例子；

南·弗劳尔迪提供了第211页"与人为善"的例子。

最后，感谢我们出色的编辑罗斯玛丽·戴维森，她对这本书倾注了极大的心血，以确保我们呈现的是家长最关心的问题。感谢彼得·沃德所做的文字排版工作和远远超过其职责范围的其他工作。